敢要就是你的

Ask Outrageously!

讓你無往不利的談判溝通密技

琳達・拜爾斯・史文德林 著
(Linda Byars Swindling)
陳依萍 譯

致我勇猛大膽的親朋好友：謝謝你們做的一切，還有在生命中扮演的角色。致我的客戶、課程優秀學員以及本書讀者：拿出膽識，追求精彩絕倫的成果吧。

你值得獲取內心的渴求。

目錄

導論

大膽去要

嘿，想聽個祕密嗎？

如果你現在生活中沒得到內心真正渴望的東西，很可能是因為你沒有開口要求過，或者是你委屈了自己，其實你能獲得的不僅如此。

想再聽下去？

恐怕你已錯過一次又一次的機會。根據我的經驗和研究，我知道你忽視了身邊能取得的可能性。在提出請求時，你不是準備過了頭，就是把精力耗費在得不到回報或取得同意的事上。儘管你用心策畫、擁有經驗和實力，卻忽略了最重要的事情。

要我證明？

來看個近期研究吧。上千名（精準的數字是一一六三名）來自各行各業的人士參加了我們的〈「大膽去要」研究〉。本研究調查了大家提出心中渴望時遭遇到的阻力，以及提出要求時不得要領的面向。調查結果揭露多數人提出要求時的重大謬誤，以及提出方法上的明顯缺失。從研究資料可以清楚看到，大眾對於遭受拒絕的原因有嚴重誤解。我寫這本書，一大目的就是想消除這些誤解，並解釋為什麼你的努力沒有獲得回報。我也想讓大家知道，遇到這狀況的不是只有你一個人。根據我們的研究，八〇％的人表示改善要求的方式能大幅提升成果。其餘二〇％的人則說他們的要求方式有很好的效果，且從回應中可看出，他們不懂為什麼其他人沒把握良機來提出要求。

結論是？

是你阻撓自己提出更好的要求並獲得更佳成效。根據我的經驗，且已經由研究佐證，我敢打包票說是你劃地自限了。說真的，你應該接受恐懼感，接著放手一搏，把要求說出口。

先發問人，別枯等

想像一下，你坐在傑伊雷諾（Jay Leno）主持的電視脫口秀節目《今夜秀》（*The Tonight Show*）現場觀眾席上。傑伊走到攝影機鏡頭前，開放現場觀眾提問。沒想到，他從萬中選一，請你頭一個發問。以上可是我親身的經歷。我準備兩個問題：第一，問他工作近況，第二，問我能不能上台和他拍張照。

等傑伊回答完我第一個問題，還來不及問他能不能合照，他就轉身回應另一個女性觀眾——她提出的正是我真正想要的，也就是和他一起拍照。她走上台階時，傑伊轉向我說：「妳心裡想要的也是這個吧?想拍張合照?」我點點頭，正準備起身，但他示意我繼續坐著。他搖搖頭，說出讓我終生難忘的話：「不好意思，妳剛才沒有開口要，可是她有。」就算一直到現在，只要一想到那天就讓我捶胸頓足。我沒有在第一時間提出自己真心想要的，而是迂迴了一下，白費功夫問了根本對我無關緊要的事。其實，沒能說出內心渴求的人不只是我。我們的研究顯示，三分之一的人想追求更深切的渴望，最終卻沒有說出口。他們沒直接要求加薪、升職或搬遷費用、甚至是大學生活費，後來只得眼睜睜看著別人得到自己所想要的。就如同我當時一樣，他們考慮過要提出這些要求，但終究沒有真正展開行動，或者只是被動等著進一步消息。

自己的要求自己提

我家女兒泰勒四歲時，有次我和老公帶她去逛園遊會。那時候，她看到了臉部彩繪的攤位，於是對我們說：「我想要她們幫我在臉上畫畫，我要畫隻蝴蝶。」我老公葛雷格回道：「好呀，這張園遊券給妳，去和他們說妳想要什麼。我和妳媽在旁邊等。」泰勒可不是這麼想的，她希望我們替她向擺攤的人開口。在女兒一陣哀怨懇求後，老公蹲下身，直視她的眼睛說道：「媽咪和我都不想畫臉。想要蝴蝶的不是我們，是妳。妳想他們給妳畫臉，就要自己去說。我們在這裡顧著，妳去不用怕。」

泰勒百般不情願的隻身走往攤位，彩繪完後雀躍地跑向我們。泰勒對粉紫蝴蝶成品心滿意足，而且感到十分自豪。接著一整晚，她在各攤位提出她所想要的。雖然要我們替她說出口是件易如反掌的事，但這麼做讓我們家學齡前的小朋友學到寶貴的一課，也是許多成年人苦無門路的課題：自己的要求自己提。

開口要求可不是件能給人代勞或能躲就躲的事。我們不能老等著別人肯定你值得更好的，或幫忙開口代言。過去我執業時，我為別人強勢談判，幫當事人提出各種要求。不過，提出自己真心渴求的經驗，卻是少得可憐。我確實會為客戶爭取最佳利益。然而，我怕別人認為我貪得無厭或只想到自己，因此避而不提，但這並不符合「我自己」的最佳利益。要是我開口請人幫忙，他們其實會樂意助我一臂之力。我能讓客戶得到絕佳成果，卻不敢為自己提出要求，導致我喪失了原本能掌握的大好良機。

跨出舒適圈來提問

我剛開始修習法律的前幾個月簡直就是苦不堪言。當時，我質疑自己是否真有足夠的才智和決策能力。還不只如此，課堂上的同學看來都能理解教授的講課內容。許多同儕時常聰穎的點點頭，也有些人還會提出意見表示他們掌握了課程內容。

我在班上表現不同於這些自信滿滿的法律系同學，我打算隱藏自己的無知，避免引人注意，而且希望教授最好不要點我回答問題。

還有另一種壓力使我保持沉默。有些學生排斥勇於提出「笨問題」的同學，這些菁英分子會取笑這些人。他們有時對同學翻翻白眼或搖搖頭，覺得他們很無知，這種高傲的眼神令人不寒而慄。日復一日，我害怕在專業方面遭受羞辱，其實當時根本都還沒成為什麼法律專業人士。於是我不斷躲躲藏藏，埋頭做筆記，希望有朝一日能夠開竅，但這天最後並沒有到來。

有一次上契約法的課時，我感到挫敗至極而完全無所適從。經過一番天人交戰，我下定決心：在法學院被當掉更加不划算、更丟臉，還不如乾脆把問題問出口。於是我示弱了，舉手向教授詢問「禁止反言」（promissory estoppel）的概念。

結果呢？他很樂意回答，還說這問題「挺常見」。經過解說後，這概念就不再深奧難懂了。先前一整個月以來，我都靜靜坐著，避免和人眼神接觸，非常怯懦。終於，開口提問讓我掌握法律概念，理解的同時讓我放下心中一塊大石頭。踏出舒適圈的成果超乎怕丟臉的情緒。有些教授注意到我努力要搞懂法律，特別給我指導。沒想到我還因此結交一些朋友，包含其他學習上同樣遇到困境的同學，甚至認識部分學長姐。這還有另外的好處，學長姐能告訴我教授的脾氣，還有分享他們一年級的筆記。

確實，我提「笨」問題而表現得不聰明，引來一些人冷嘲熱諷。不過，這些嘲笑人的學生並沒有辦法幫我打分數、給我實習機會或甚至幫我繳帳單。我跨出第一步後開始隨時發問。在我放膽嘗試下，我邀請到兩位知名作家來參與我們法學院接待會，他們來演講還不收費。還有，兩位知名女性主義者，包含葛羅莉亞史黛納姆（Gloria

Steinem）、首名在美國最高法庭打官司的女性莎拉韋汀頓（Sarah Weddington），雙雙答應了我的邀請。提出請求而顯露脆弱一面，讓我成績更亮眼、班級排名更前面，還讓我法律系畢業後拿下首份工作。

小朋友不想去園遊會擺位，或是法律系學生害怕問問題，想想這些與你有什麼關係？關係可大著呢！大膽提問令人畏懼而不自在。許多人沒讓自己問出口，就是因為感覺要提的要求並不「穩當」。我們在意其他人對自己的觀感，或怕自己還沒準備萬全。

沒人曉得你不懂什麼

我聘請伊萊恩來指導我法律知識，多年前她問我一個問題：「我們讓妳的收益加倍，有更多時間陪伴家人，可是看起來妳還不滿足。如果能讓妳多做任何想做的事，而不需考量金錢問題，妳想做些什麼呢？」我說我很喜歡在會議和培訓課程中演說，也就是我平常義務幫忙的活動。她回答：「妳知道吧？一般人做這些事可賺到不少錢。」

不，我根本不知道，我以為只有老師和教授能透過教學領薪水，以為其他專家都是免費演講來開拓客源。伊萊恩讓我去美國國家演講者協會（National Speakers Association, NSA），我遇到許多專業人士，他們過去來自法律界等各種行業，轉換跑道後就以發表報告、寫作、演講來立足市場。

都還沒問出口，怎麼知道對方會怎麼回？

不要自以為知道對方答案

幾年前我打電話給一位出版商，想向他們投訴一個領導力課程。電話轉了好幾手，最後終於請「能解決問題」的主管接聽。整件事情落幕後，他問為什麼律師會對領導力及溝通課程感興趣，於是我們談到我怎麼從法律跨界到創意執行發展課程的因緣際會。掛電話之前，我「斗膽」問他需不需要簽新的作家。

我要把話說在前頭，這個問題本身並非不妥或無禮，不過對我個人而言是個很大膽的提案，因為這完全不是我平常認知能做的事。向出版社編輯開口並非正統出版書籍的方式，我很清楚一般人才不會直接打給編輯提議出書，提案有正規流程要跑。但是，就算心中有點不安，我終究還是講出來了。

你的舒適圈無法框住對方回應的範圍。我的提案只不過是向編輯問個問題，但就是這次放膽提問讓我得到非凡收穫。這次提問讓我能出書，而且還不只一本。這次對話及後續往來經驗，對於我後續創立執行發展公司有很大的助益，而且開創我二十年來的專業演講職涯。想像一下，如果你能夠克服恐懼、好好把問題問出來，不要顧慮太多或質疑自己的能力，能獲得的力量會有多大呢？

提起勇氣來

真正無所畏懼的人很自然就能提出請求。我家兒子帕克向來就是這方面的好手。有次，我們在餐廳候位時忽然發現他不見蹤影，驚慌的找了他一陣子，不料我卻看到他就坐在餐廳裡吃著披薩，旁邊一同坐著的一家人中也有個跟他同齡的小男孩。我們去領回兒子，問這兩個小男孩怎麼互相認識的，是在學校、教會、還是童子軍活動呢？對方媽媽笑出聲來說：「不是啦，我們才剛認識帕克而已。他說肚子餓了，問能不能和我們一起吃。」

帕克長大成為準會計師，繼續無所畏懼的提出要求。譬如，他在音樂會向維多利亞，也就是現在的老婆求婚。那時，音樂會正進行中，他唱了一首獨唱曲，而且是站在舞台上唱，面前就是滿滿的觀眾，包含親友和看直播的觀眾。而且，最狂的還不只如此。開音樂會的前幾天，他拜託指揮和樂隊中斷活動，讓他唱自己最愛的歌。他還問能不能請他們來學這首曲子好幫他伴奏。謝天謝地，結果圓滿。樂隊答應，未婚妻也點頭了。

你有沒有認識一些人，他們往往不假思索提出心中所求？仔細觀察，這些人可能是小小年紀的孩子，總讓人拿他們沒轍，不斷問問題到讓人舉雙手投降；這些人可能是你的好友，可能是你的另一半，或是個做業務的；這些人可能有自己的事業，在協會負責決策，或者是供應服務的廠商，又或者代表非營利組織募款。他們時常跨出一般人的舒適圈來提出要求，而且常能如願以償。

別忘了要問出口

本書所需的研究要我放膽一問。那天距離和出版社見面剩十天，也是我上TEDxSMU（美國南方衛理公會大學）演講的兩個禮拜前。兩場活動中，我要向他們發表〈「大膽去要」研究〉的最終成果，問題是我們還沒達成搜集八百份調查結果的目標。三個月來，只搜集到五六二名參與者的優質回應，但還沒有達到預期樣本數目。這不同於我過去兩本寫書所做的研究，這次研究時限逼近卻還沒有著落。

最後我在一個社群網站上發出我遇到的困難。我拋開平時的自尊心，向幾位演講界的女同事詢問怎麼做才能達成八百人次的目標。我坦言時間所剩不多。你知道她們問我什麼嗎？

對，她們問：「妳真的有開口求助嗎？」我誠實回答沒有。這件事情想來還真是諷刺，我的演講跟寫作主題就是要大膽要求，我自己反而沒向其他人求援。朋友給的建議其實就是我平常告訴大眾的：直接請人幫忙，不要慢慢談狀況細節和條件，直接切中要點，不要隱瞞要求，把內心真正想要的講出來就對了。

短短幾分鐘之內，一位演講同事幫我擬了份請大家幫忙的範本，她說我可以標記好友，並請每人都標記十位好友。雖然我怕打擾到人而不太好意思開口求助，但我還是深吸口氣後把問題提出來。接下來我親眼見證了放膽提問的力量。幾天之內，我們八百份回應就達標，而且數字居然破千。又過了一個禮拜，我們的調查宣告截止，共得到一一六三份回應。這就是我展現自己脆弱一面，而要到原本計畫兩倍之多的成果。

過去幾年來，我眼看著自己、客戶、還有自己珍視的人有需求卻沒請人幫忙，或是隱藏渴望屈就現實，因此我決定要來一探究竟而進行相關研究。

本書旨在談如何大膽去要，因為：

- 我很納悶也很不甘心，為什麼周遭有人努力常付諸流水或才能遭到埋沒。我要破除誤解，讓大家知道到底為什麼提問沒得到正面結果，好讓他們集中火力到真正重要的事情上。
- 有些人教會我膽大果敢、跨出舒適圈提出要求的力量，我想向他們致謝，並不斷提醒自己示弱及求助所蘊含的力量。
- 我多希望多年前就能讀到像這樣的書。懂得如何無所保留提出要求能讓我少花大把銀子，省下的功夫也能投注到更有效的事物。放膽提問能讓我少走些冤枉路，避免自我懷疑和多次嘗試失敗而心力交瘁。

過去幾年來，我注意到領導人、輔導員和教練想幫助自己手下帶的人。他們很在意學員的成長表現，也希望他們能成功。（**「大膽去要」提醒**：要是學員了解該如何提問能帶來多少效益呢？把這些消息傳達你每位你指導、影響的人，又能多成就多少事呢？）

我希望各項策略和剖析能讓你學習歷程抄捷徑。要知道你其實可以大幅提高成功要求的能力。還有，我知道你不只能改變自己的狀況，還可以幫他人創造只有你才能爭取到的機會。

大膽去要吧！

琳達

如何從本書獲得不同凡響的成果？

讀完本書，你更能判斷提問的時機和內容。書中會提出頂尖的請託作法，讓你在公私事務上都能展現自信且正直誠懇。本書將提供詳細步驟來達成優異成效，甚至讓你獲得超乎想像的成果。

大膽的定義

根據韋氏字典（Merriam-Webster），outrageous一詞定義[1]包含「超越平常限制」、「不同凡響」、「打破慣例」、「令人驚豔……」。

為方便本書解說，「大膽要求」特別指跨出自己的舒適圈來提出

1 常見定義包含：「狂傲」、「跋扈」。本書譯文多處譯為「大膽、放膽」。

要求。大膽不等同於不擇手段，本書絕不會暗示你抱持負面心態、欺騙或利用他人。並不是那樣，大膽要求的人能透過提出非凡請託來取得令人驚豔的正面效果，並與人建立良好關係。

概念發想

幾年前有位客戶請我協助幾名高級業務專員。他因為業務員表現不佳而心灰意冷，這些業務員討價還價、找藉口，而且不願意開口請顧客考慮公司新產品。他受夠了，我們決定來辦場請「開口要求」的競賽。我們讓這些業務員增加一小時午休，把他們分成幾個小組，提供每組二十美元的預算，讓他們到度假村鄰近的高檔次賣場去。這個競賽規則很簡單：「盡可能去要到最多東西，再回小組回報收穫。」

各組別展現的成果天差地遠。其中一組跳脫選項去了一間酒吧，另一組則自己加碼十美元，搭上化妝品促銷活動。有一組購入買一送一晚餐優惠券，讓價值提升到四十美元，最後兩組帶回的物品總價值超過一百美元。他們要求樣品、折扣、免費贈品，發揮創意在各隊伍中脫穎而出。（你猜哪兩組的業務銷售員最厲害、在該年新推出產品的銷售業績最優？）

後來我又把活動改版。回報成果有的不佳，也有的很不得了。我又定了截止期限和準則，要他們「開口去要，再回報成果」，短短時間內來自不同專業的各層級人員取得絕佳成果，譬如：

- 成功要求加薪和升遷。
- 成功與人重修舊好或是感情加溫。
- 成功開啟一項新事業或者是開拓新事業線。
- 成功要到原本負擔不起的服務。
- 成功追回債務或是節省開銷。
- 成功要到不動產，包含院舍和場館。

經過訓練並運用輔助工具或適時接受指導，持續開口提問，結果大有斬獲並超越眾人期待。多數人把成就歸功於用新觀點來加強溝通，並接受挑戰大膽去要。

如果能輕鬆向人開口，還要讀這本書嗎？

或許你就是那其中20％的人，非常擅長開口請人幫忙，而且多半能達成願望。或許你正在想：

- 我已經知道怎樣提出我想要的，成功率通常也高。
- 真的嗎？很多人不會向人開口？他們有什麼障礙？
- 請講重點，我還有事情要忙。

你知道要怎麼霸氣判斷、處理各種請託狀況。說到開口請人幫，你毫無畏懼，有時候能乘勝追擊，甚至把開口請託當作是挑戰或遊戲。你得到優異成果，向來表現卓越。如果對你來說開口提問並不難，以下提供幾項讀下去的理由：

- 你是領導人，實在不能理解為何有些人就是不開口拉生意、成交案件、要求優惠，或是解決持續已久的問題。
- 你在意的人無法處理衝突、和主管溝通、要求加薪、解決問題，或爭取他們應得的利益。

- 你收到的意見回饋顯示，有些人可能難以體會你的想法、認同或信任你。或許你常聽到有人說你對人太嚴厲，或聽到建議希望能加強合作、培訓部下，或是打造更佳的部門內外關係。
- 你認為已達成共識且交代好事情，但對方沒有配合。到頭來，還是不能放心交給其他人執行，必須瞻前顧後，確保他們達成交付事項和承諾。
- 你知道其他人其實能更加積極、有創意，或更能發揮作用。但是你覺得自己費盡九牛二虎之力，其他人卻沒有全力支持，或是並沒有像你一樣用心。

本書內容談什麼？

本書提出經過驗證的原理和想法，讓你強勢出場、大膽去要。這些策略和建議汲取自超過二十五年的經驗，提出高度要求及幫助像你一樣的人。書中收錄祕訣和剖析，讓你更理解一般人行為背後的原因。

每個章節列舉出切中生活的提問和可操作的訣竅好讓你上手。我們不談艱深玄奧的理論，而是讓你學到明確技巧、取得所需工具，記住面對壓力時怎麼應對。我們提供檢核清單幫你進行準備，也有預備好的參考情境對話範本，讓你更有自信向人開口好讓對方採納。

情境設計：下面幾頁收錄請託挑戰、客戶故事分享，還有其他表現超乎預期的真實案例。部分範例改掉人名或資訊細節以避免牽連（或舉報）當事人，不過事實和成果都千真萬確，而且能效法實作。

〈「大膽去要」研究〉：讀者會在本書看到針對「請託方式」及「開口難處」的調查。這項研究歷時四個月，用電子方式搜集，目的在於探求一般人提出要求狀況的資訊。參與者自行決定是否匿名，而他們的答案反映出多數人開口遇到的阻礙，值得一探究竟。填答者不論是為自己請託，或為公司請託的狀況並沒有顯著差異。很多人鼓勵要更強勢提出要求以取得更多斬獲。

研究調查了一一六三名參與者，來自於二十一種職業的各級職位（請見圖1）。本研究參與者最多的是行銷業務及公共關係類，這行人員就是靠提出要求來維持生計。

這份調查結合開放式問答及選擇題（含單選題、複選題），讓參與者能自由提出評論。本書將調查結果整理成圖表、引述、說明文字、參考建議以及事例情境。如果沒有特別標明，本書提到的研究、發現及調查對象，指的都是〈「大膽去要」研究〉。完整研究調查結果，請見 www.AskOutrageously.com。

引述：除非特別指明，書中標楷體表示引用〈「大膽去要」研究〉填答者所說的話，或是引用自課程參與者、觀眾、學員及客戶意見回饋的言語。

「大膽去要」重點回顧：每章結尾提供行動摘要，整理出章節重

圖 1　填答者的專業領域（人數）

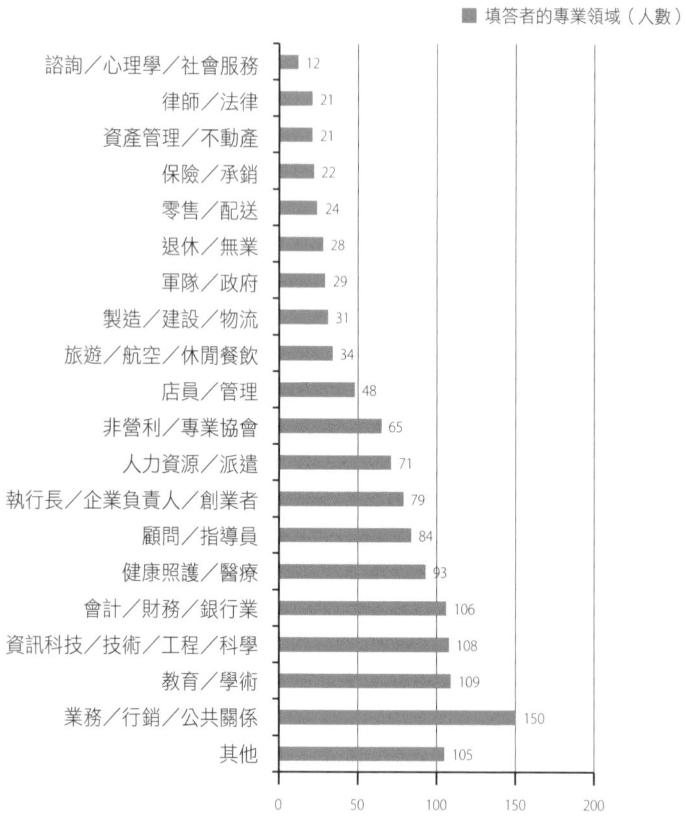

■ 填答者的專業領域（人數）
諮詢／心理學／社會服務 12
律師／法律 21
資產管理／不動產 21
保險／承銷 22
零售／配送 24
退休／無業 28
軍隊／政府 29
製造／建設／物流 31
旅遊／航空／休閒餐飲 34
店員／管理 48
非營利／專業協會 65
人力資源／派遣 71
執行長／企業負責人／創業者 79
顧問／指導員 84
健康照護／醫療 93
會計／財務／銀行業 106
資訊科技／技術／工程／科學 108
教育／學術 109
業務／行銷／公共關係 150
其他 105
0
50
100
150
200

點。讀者可以讀完整本書，之後再參考這些重點。或者，也可以瀏覽整本書各章節的重點回顧，再針對當前需求挑選段落精讀。

考考你

每章結尾提出發問，讓你請託時能更有自信、減少遺憾。

放膽提問出擊

提供經過驗證的方法，讓你的要求更上層樓、成果更豐碩。這些請託都是穩妥的挑戰。練習跨出舒適圈提問的同時，實際見證自己能成功放膽要求。接受這些挑戰，你也能成為求人高手。

成功的祕密法寶

另外，讀者能在 www.AskOutrageously.com 網站取得輔助資源。運用這些祕訣、教材及工具來大幅提升請託結果吧。

引導他人開口

一般人常說「藉由開口來領導他人」，但我們這裡給的建議正好反過來，是要去引導你管理、指導、培訓的人更強而有力地開口。以下技巧輔助你分派人提請要求，專門應對「自己提出要求沒問題，但要怎樣『引導』他人開口來像我一樣達標」的疑問。

接受評量：繼續讀下去前，請先接受〈敢要指數測試〉，測測你向人開口的表現如何。

如果你覺得自己已經能放膽提問，評比結果能印證或挑戰你的預想。準備好放膽提問了嗎？或說，你敢不敢接受這挑戰？來看看你是不是真的如預想中的擅長開口請託。接受評量就能見分曉囉。

使用這些經證實的策略，可以大幅提升受採納、認真考量的機會，進而大展身手、發揮影響力。

準備好放膽提問出擊、大舉拿下戰果嗎？儘管往下讀，大膽去要吧！

敢要指數測試

從下列每題敘述中，選出最符合你目前談判技巧的評分（如果你的情況介於公私事之間，就選出你最想改進的方面），接著把圈選的分數相加算出總分。

最近要向人開口時我……	每次		偶爾		從來沒有
大膽提出心中渴望，沒有害怕和猶疑，沒有什麼阻礙我開口。	5	4	3	2	1
不管是為了自己或幫人謀利，提出要求時都我拿出同等的熱忱和信心。	5	4	3	2	1
知道其他人喜歡、敬重我。他們相信我動機良善，也知道我信守承諾。我不在場時，他們也願意履行我們的協議。	5	4	3	2	1
問對人、問對方法，能輕鬆視請託對象而應變。我不會因對方頭銜、地位或資歷而退縮。	5	4	3	2	1
就算我提出罕見的要求、沒實行過或前所未見，但我知道我的要求合理恰當，而且我確定對方有能力同意我的要求。	5	4	3	2	1
不管對方有什麼反應、出現負面行為或回絕，我都能保持冷靜、掌握情勢。我能準備好應付任何把戲和心機手段。	5	4	3	2	1
我獲得的成果經常超乎預想和期望。我很滿意結果，且有把握已發揮到極致而不留遺憾。	5	4	3	2	1

總分：＿＿＿＿＿＿

35= 能成功得到自己及他人所想要的！
28-34= 通常能成功達成自己的願望。
21-27= 達成自己心願的成功率參半。
13-20= 還有很大的進步空間。
7-13= 很少得到自己要的，納悶問題出在哪。

第一章

舉證：敢要才是你的

請託這事說來神奇。獲取最佳成果的就是勇於接受恐懼而問出口的人。這些人願意繼續向前挺進，因此獲得更豐碩的回報。他們學會多要一些、探索各種可能性。他們越來越能自在地承擔風險、接受閉門羹。

無論是政治人物、搖滾巨星或諾貝爾和平獎得主，過去歷史上許多人斗膽發問而大舉成功。勇敢說出口就能帶來不可思議的結果。簡單的發問能挑戰不公不義而捍衛人性尊嚴，能促進醫療大幅進展，能創造新的企業營運模式，以及對各族群帶來深刻影響。我們來看看這些歷史上的提問吧。

羅莎帕克斯（Rosa Parks）問：「為什麼我們黑人只能坐在公車

後方？」她這質疑促進種族隔離政策修法，保障各種族公民權。

路易巴斯德（Louis Pasteur）問：「為什麼酒會變酸？」這疑惑讓人發現如何消滅細菌，也讓巴氏殺菌科技應運而生以避免食物變質。

瑪莉艾利斯布寧（Mary-Ellis Bunim）和強納森穆瑞（Jonathan Murray）問全球音樂電視台（ＭＴＶ）：「我們能不能來辦一種沒事先寫好劇本的電視節目，來追蹤陌生人同在一個屋簷下的生活？」提議結果帶來了《真實世界》（*The Real World*），並開創實境秀類別的電視節目。（以上例子成果可大可小。）

非凡成果

「敢開口要」能造成滾雪球效應。簡單的提問常能發展成一連串效應。開口所帶來的洽談檔次超乎想像。

某些人提出要求的結果價值千金。想知道他們一個祕密嗎？不管金額多龐大或涉及多少利害，放膽講出口的感覺都一樣。腎上腺素激增、恐懼感、興奮感、呼吸急促、全神貫注，感覺其實都一模一樣。敢要的人在生活各個層面能爭取到不可思議的成效，而通常最具意義的都跟個人福祉切身相關。

- 兒子幾年來全無音訊，我打電話給向他道歉，問我們能不能和好。他頭一次讓我和孫子說話，我那孫子現在四個月大了。
- 我問男友覺得什麼時候結婚好，他隔週就向我求婚了。他半年前就買好婚戒，但怕我還沒有準備好所以繼續等待。
- 我問爸媽能不能借我錢付房屋頭期款。他們沒把錢借我，而是直接「送」給我。他們一直想幫我些忙，只是不知道怎麼開口才好。要是我沒有主動說，現在還是只能住在原本的小公寓。

還有其他職場請託得到的大豐收：

- 我問合夥人願不願意擴大營運，在聖安東尼奧或奧斯汀開設辦公室，他們贊成了！我們最後成功進軍兩座城市。
- 經過十七年的考慮，我開始接觸其他醫療界的同業。我問他們有沒有興趣了解我們的後台作業模式、採用我們的收款方法。經過這次提議，後來開展出新的企業模式，也帶來了好幾百萬美元的營收。

- 過去，我曾和一名廠商一起做生意，但後來兩人鬧翻了。我在商場到他的展示區，問問我們能不能將放下恩怨、再度聯手合作。最近，我們剛取得截至目前為止最大的一筆訂單。
- 在某次協調會的中場休息時間，我走到展示廳問我們醫療設備租金能不能降價。現在我們用著同套的設備卻省下30%的成本。而且講定了接下來三年都採用同樣費用，一切都靠兩通電話講成。

向人開口究竟難在哪裡？

調查中96%的人表示要是多要一點、多冒點險，就能夠改變結果（請見圖2）。幾乎三分之一的人說能夠提升50%的成果。根據研究，不敢把話問出口的主要原因有：

- 會麻煩到或打擾對方。
- 會說錯話。
- 會很丟臉、露出蠢相。
- 會被拒絕。

這樣自我苛責而不願開口提問，讓你沒辦法得到近在眼前的好機會。所謂會「造成麻煩或打擾對方」評分遠高於「遭到回絕」。不奇怪嗎？寧願被拒絕，也不想麻煩別人來得到自己所想要的。

〈「大膽去要」研究〉顯示出大家根本擔心錯事情（請見圖2）。

舉例來說，有些人覺得請託被拒絕是因為（請見圖3）：

- 對方缺乏一切所需的資訊。
- 時機不對。
- 對方不想多花錢。

實際上，大家回報拒絕人的兩大理由是因為提問人（請見圖4）：

- 問的事情本身不恰當。

圖 2　最難向人開口去要的原因是我可能……

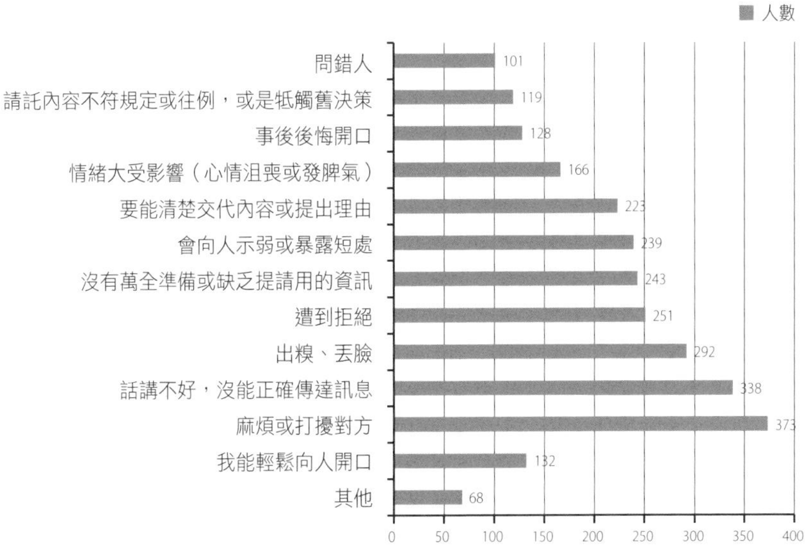

● 我看不順眼、不當回事或無法信任。

新資訊：我們根本關注錯事情。研究顯示拒絕和遭拒絕的兩方認知有落差，多數的人不知道自己要求被回絕的真正原因。

被問的人明白說出拒絕的主要原因是「提出的要求不恰當」（36%的人表示這是主因）。然而，就算題目提供了「不恰當」為選項，卻只有4%的提問人判定問題出在這。

再進一步來看這兩者間的落差，其中31%的回應者表示會拒絕「看不順眼、不真當回事或無法信任」的人。而只有5%的人認為遭拒原因是對方對自己「沒好感或不看重」。研究也顯示，79%的人覺得擁有一切所需資訊能更有自信、做好更佳準備。

預想跟現實間的差距居然這麼大！問錯人、問錯問題，就算把一切資訊準備妥當又有什麼用？你問的人根本看你不順眼、不把你當一回事，或無法信任你，這樣事前下的功夫不都白忙一場？

圖 3　對方拒絕我的要求（包含公私事）通常是因為他們

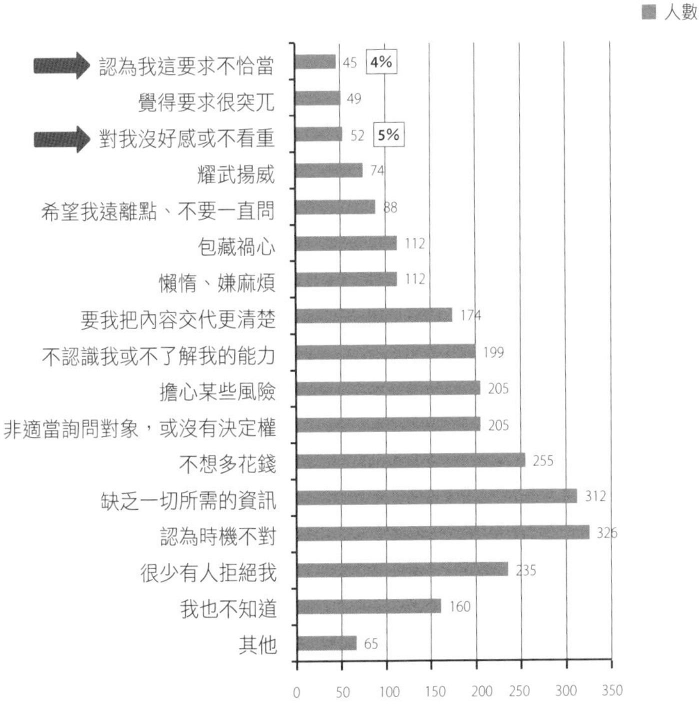

圖 4　我傾向回拒對方是因為……

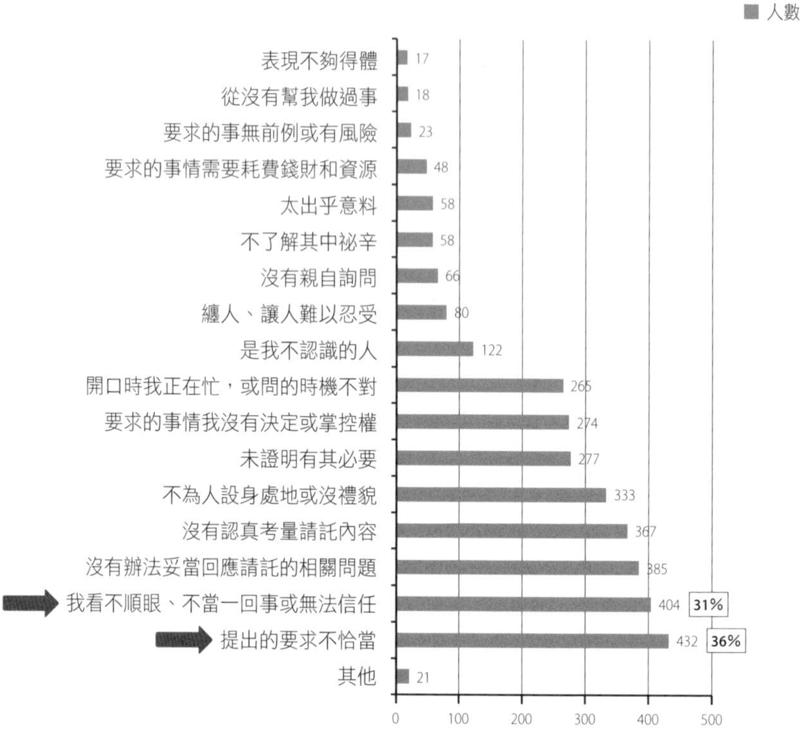

不問出口有什麼後果？

得不到自己要的或任憑他人擺佈。耐心等人發掘自己的才能、給予喘息空間，讓你和身旁的人實在難以消受。

不開口就會錯過機會，以下這些情況是不是很眼熟？

- 眼睜睜看著升遷機會或夢想工作落到別人手上，而且這人的學經歷其實不如你。
- 同事獲得了旅遊出差的機會，或接走了你想要的企畫。
- 你覺得某個人很搶手、外表出眾，不會想和像你這種人交往，結果他後來和你一個怪咖朋友交往。
- 朋友能得到更高級的飯店房間或升等機艙座位，你只能繼續待在原本分到的。
- 其他人沒經過你同意，就幫你下了影響人生的重大決定。

在其他方面不敢要求也讓你吃虧。你只是一直在腦中想著要講出口，但最後並沒有，讓人誤以為你已經滿足了。你現在難以釋懷向前進，簡直就像先前準備好整段旅程，但距離目的地只差那麼幾步卻沒走完。研究調查受試者說出以下幾項不願向人開口的狀況：

- 我希望自己能勇敢，可是怕對方拒絕而不敢行動。
- 絕大多數時間我寧願放棄機會，也不想開口拜託人。
- 其他人說我應該知足。

沒有展開行動來要求，就不知道有什麼可能性。而且有權同意或回絕要求的人，也不會知道你默默付出多少或你想改變現狀。你沒講出口等同沒給對方機會考慮你請求的事和給答覆。

開口要求是個勇敢的行動。

要是夠勇敢的話

大膽提出要求容易受到傷害以及放棄部分掌控權，有的時候要接受出洋相的風險，或是預備聽到對方說「不」。要取得豐碩結果，就要盡量減少未知數，整頓好自己能控制的事項，接著拿出勇氣發問。

如果你想請人幫忙卻講不出口而身心俱疲、受夠了讓現實擺布，準備好進一步爭取，是不是該試試講出內心渴求的事呢？

要是我夠勇敢

雅娜史丹費爾德（Jana Stanfield）、吉米史考特（Jimmy Scott）合唱曲〈要是我夠勇敢〉，歌詞道出跨出舒適圈來要求所需的勇氣：

是不是我們都該追隨心所嚮往？
凡事沒設限你想實現什麼願望？……
如我拒絕聽從心中恐懼的聲音
勇敢之語會不會在我耳邊低吟
要是我夠勇敢現在該做什麼？

這首歌可到 www.AskOutrageously.com 網站免費下載（歌曲重製已取得雅娜史丹費爾德、吉米史考特同意。）

大膽要求的十大理由

1. 取得絕佳驚豔成果：很多人覺得自己提出的要求很大膽，但發現受託對象其實一點也不震驚，通常被問的人很願意幫忙，或納悶你怎麼沒早點來問。

2. 體現熱情：表現出自己的熱忱能帶動旁人。他人知道你很有心，會一起帶來更佳成果。說出口表示你知道自己想要什麼、準備好讓改變成真、意圖達成宏大目標。

3. 展現氣勢：講出大膽要求能增加對方採納的機會。藉由提出強而有力的問題，讓自己在各種主題上都能增加影響力並展現自信。

4. 求得答案：只要問出口就能夠得到回應，不管答案是「不行」或「還不行」。提出問題並得到回覆，就能加以調整、改正、往前邁進，節省下時間、資源和腦力。最重要的是，就不用一直懊惱：我要是有勇氣問出口就好了。

5. 建立信任感：直接正面提出要求，其他人就不會一直懷疑你是不是在盤算什麼。讓他們更信任你、更有意願幫忙。

6. 均衡勢力：提出問題能降低實質上、心理上的勢力差距。可以不用屈就現實，而是發問讓人知道自己做足功課，且隨時能上場談判。

7. 避免虛耗：說出口就不用把時間浪費在錯的人身上。你可以盡速知道誰能幫忙且願意幫助你完成願望。

8. 收穫超乎預期：提起勇氣踏出舒適圈向外要求，就會發現原本預設的限制並不存在。開口讓你獲取最大可能性、擁有更多選擇。

9. 享受快意：或許最大的收穫就是提問後的感受。當你感到恐懼還是開口提問，就能建立自信並肯定自我價值。

10. 贏得敬重：大家都喜歡與會鼓勵自己把眼光放遠的人相處。成功的人承擔風險、對其他人帶來影響、做出有效決策並超乎期望，成為其他有志者的楷模。

養成開口要求的習慣

規定自己時常在舒適圈外提出要求。先從較簡單的請託開始，在日常生活多要求一些，職場上也多注意成效。接著，要習慣聽到對方答「不」。其實，如果都沒聽到人說不，很有可能表示你要得還不夠，要持續提出要求直到有人說不為止。

如果你能夠好好培養提出請求的習慣，就能自然而然開口。能自在地隨處提問，真正需要時就能不假思索地提出，在重大場合獲取其他人苦思不得的成果。準備好獲得超乎期待的好成果吧。

引導他人開口

請你帶領或指導對象也去做〈敢要指數測試〉（第三十一頁），看看他們的成績如何，並用〈大膽要求的十大理由〉（第四十四頁），問他們「你想在哪方面要求更多？」「哪些理由讓你最有感觸？」還有「養成開口要求的習慣能達成什麼結果？」

大膽去要重點回顧

- 歷史上簡單的提問卻帶來精彩佳績。
- 多數人不開口要求。他們渴望有膽量要求遠大的事，但最後沒有講出來，或屈就於較安全的選項。他們預備提出要求的時間拖了太久，眼看他人提出而得到自己一心期盼的願望。他們感到停滯不前，無法適時向前邁進或展開新階段。
- 普遍所認知的遭拒原因其實不合實情。請託要得到人點頭，所仰賴的不只是搜集更多資訊、等待時機到來或多籌備資金。
- 字斟句酌、怕打擾人或怕顯露糗態都不該是頭號考量。
- 正視真正遭拒原因來改善，也就是（1）要求不恰當、（2）受託人對提問人看不順眼、不當回事或無法信任。
- 踏出舒適圈要求可以讓收穫更豐、改變結果。好好養成「開口提出要求」的習慣，就能自然而然去請託他人。

考考你

- 要是我夠勇敢的話想要求什麼？
- 我在公私領域有什麼不滿足處？
- 如果沒講出口會給人什麼印象？
- 要怎麼樣建立受託對象對我的信任和尊重？

放膽要求出擊

要是還沒有做過〈敢要指數測試〉（第三十一頁），趕快做一做吧。接著看看成績來檢視目前的表現。

看看〈大膽要求的十大理由〉清單（第四十四頁），找出兩項你最有感觸的理由。

成功祕密法寶

到 AskOutrageously.com 免費下載雅娜史丹費爾德、吉米史考特合唱曲〈要是我夠勇敢〉歌詞。

要提出強而有力的請託，了解他人對自己的觀感很重要。你的親朋好友認識你的真實一面。然而，你在向人開口時，對方很可能是不認識的人。

有些勇者能滿腹自信提問，不會很在意受到拒絕或其他人對他們會產生什麼觀感。研究參與者當中，五分之一的人表示能輕鬆向任何人索求自己所想要的。以下是他們針對放膽提問研究的回應。

- 我能輕鬆在職場上提出自己想要的……多數人都會回覆我問的任何事，雖然不見得能直接解決原要求。
- 最糟的結果不過就是被拒絕，問問看有什麼關係？
- 就算我還不清楚怎麼問才好，我就已經開始提問了。開啟對話常能讓我理出頭緒，甚至得到想都沒想過的答案。

求人高手

你身旁可能就有一位勇敢的提問人。這人很可能是家人，甚至很年幼的小朋友，他們很有說服力而且不屈不撓。舉例來說，想想看那些一心想要玩具或點心的小朋友，他們能夠和人搭話、堅持到底、向人開口，這真的很有意思。他們不會被「不」字給嚇跑。他們專注於追求自己所想要的，而且很有毅力。求人高手知道請求時要視對象和請託內容隨機應變。他們會思考最佳方法來接觸能作主的人，並依照情況改變策略。他們充滿好奇而且很有創造力，能提的問題無窮無盡，而且成功率還不低。

這些人總是多要一些而不會有所保留，常要到更好的條件或成果。觀察他們如何索取資訊、請人幫忙或要求特殊待遇。什麼人也嚇不倒他們，沒有什麼要求太低或太高。他們知道要越多就能得到或學到越多。其他人還在籌備一些無謂資訊或等待絕佳時機，求人高手早已問出口，並朝下個目標邁進。

這些人在事業上的成就常來自他們敢要其他人不敢要的。他們會受到敬重，其他人願意回答他們問題，並願意多奔波來相助。來研究這些高手吧。看看這些無懼索求的箇中好手怎麼做的，然後加以效法。

你是鑽研大師還是求人高手

回顧最近幾次提問的時機，想想看你是否講出請託，或一直鑽研細究、東摸西摸。拖延的跡象包含：

- 調查枝微末節的小事。
- 等待根本不會到來的絕佳時機。
- 過度準備和分析而無法開始動工。
- 對於他人對自己的觀感鑽牛角尖。
- 不斷杞人憂天，擔心被反對或有風險。
- 抱著要準備萬全的藉口而準備個沒完沒了。

如何出場

初次見面的陌生人對你有什麼第一印象？給人的印象不只在於穿著打扮夠潮或頭髮有型。你是否能展現自信、令人感到值得信賴而好親近？

求人高手懂得登場時展現自我。經年累月的磨練讓他們能仔細聽他人意見回饋，並觀察哪些技巧成效好。這些高手知道什麼時候顯得有些咄咄逼人，而會想辦法緩和氣氛。他們知道要是自己看起來青澀、缺乏經驗，會選擇是否想辦法修正或利用這項觀感。他們會特別注意怎樣表現親善大方，讓對方感到自在。

求人高手的特質

- 和藹可親而設想周到
- 能觀察對方反應並表現得體
- 保持正面態度且真心關切他人
- 與人相互敬重
- 對他人辛勤心懷感激
- 保持彈性並臨機應變

親善大方

親善大方不只是服裝專業和打扮體面，和善表現應該要：

- 面帶笑容且注視對方。
- 握手堅定而保持禮貌。
- 讓對方感到自在並傾聽對方心聲。
- 培養出引人入勝的報告風格。
- 注意使用正向肢體語言。
- 使用適當的語言、用字遣詞及語句結構。
- 能適時回應電子郵件、電話等通訊方式。

第一印象通常在三十秒內就決定，而預先下的功夫可不能只花三十秒就想搞定。

諾娜

諾娜是律師助理，她安排一位新客戶會面。企業負責人鮑伯史密斯抵達會議現場，諾娜熱情招呼說：「嗨，史密斯先生，我是諾娜。歡迎！我們到會議室吧。」鮑伯很困惑地看著諾娜問：「妳要帶我去見勞資律師嗎？」諾娜微笑回應：「本人就在這了。」鮑伯可笑不出來，而是臉色凝重地回覆：「這位年輕小姐，我是來這裡談正經事的，我要和有經驗的人談。」

諾娜確實遇到了文化成見的阻礙。她身在男性主導的場域中是名女性且看起來年紀小。諾娜用較輕鬆的方式來洽談並沒有讓她獲得可信度。她用全名跟鮑伯打招呼，但沒用全名介紹自己，給人印象是地位較低。鮑伯可能因此懷疑她是否有必備知識和經驗來承辦案件。

為了要挽救這場會議，諾娜並沒有態度不恭，而是堅定地說：「鮑伯，我已在法律界執業六年。我是事務所合夥人，就勞資事務而言，我是本事務所裡經驗最豐富的。不過，如果您想要的話，我們也有年紀較長的律師。雖然他沒有勞動法相關背景，但是在幾個月前通過了律師資格考。您現在想要和我們當中哪位洽談呢？」鮑伯也很識時務地選擇了諾娜，而諾娜在第一印象營造方面學了一課。

如果你的外在不符合形象，那麼要運用策略並專精自己的領域。

喬伊

喬伊拉攏潛在客戶很有一套，他說：「第一印象很重要。我告訴客戶本公司擁有二十年歷史，讓他們知道我們有足夠經驗和專業能力來達成他們的置產需求。」喬伊是經驗老到的提案發表人，能將複雜情境轉化為淺顯易懂的語言，讓非工程本科的長官也能夠明白。他用點幽默感來破冰，並用圖像來展現公司使用什麼創新解決方案來應對繁雜的問題。

喬伊是個健身狂，同時也是音樂人兼歌手。喬伊知道自己的外表不符合傳統大眾對這角色的期望，他分享道：「我知道我留長髮，所以看起來不太像一般企業顧問公司負責人，但這是我自己的選擇。我要做我自己才能在客戶面前好好發揮能力。在剛開始會面時，最刁鑽難搞的客戶，往往是最能長久維持好關係的客戶。」

找出自己的長處

了解自己能派上用場當籌碼的強項，是提升請託能力一大好方法。很多人低估了自己的才能和天賦。你可能不覺得自己親善而平易近人算是才能或長處。或你能理解複雜程序和數字，但心中卻想著是不是有發表簡報的能力會更好。其實大家太過高估通才的重要性。專精一技之長能補償其他不足。要好好專攻、發展你的強項。

擁有自己的強項

挑出你兩個強項，套用到對話情境三次以上。以下提供參考範本供填空。

範例：我在這裡的職責是提供邏輯思考，以及幫您把關品質。

我在這裡負責的是＿＿＿＿＿以及＿＿＿＿＿。

我很樂意＿＿＿＿＿以及＿＿＿＿＿。

大家交辦給我的有＿＿＿＿＿以及＿＿＿＿＿。

培養新特質

回想看看，有沒有人說你擁有某項才能，可是你從來都不知道自己有過。譬如，有人說你很有自信或做事很有條理，你怎麼回應這個稱讚呢？你是感謝這項讚美，還是心中抱持懷疑？或許你覺得其他你認識的人，甚至是親人的那項技能比你強得多。對方不知道你家大哥才真是最自信滿滿的人，或你老爸才是凡事超級潔癖。其他人對你的評估取決於他們自己的經驗、他們所接觸過的群體來比較出的結果。

找出強項及才能

請看下列的特質和行為列表。以下簡單列出你可能具有的強項或才能，選出適合自己的項目：

靈活應變
分析
指導人
協調溝通
與人聯繫感情
在團隊中貢獻力量
創造
解說
主持討論
發起企畫
對他人帶來影響力
創新
領導
傾聽
下決策
管理企畫
管理風險

協調
發表簡報
排解紛爭
設定目標及擬定策略
解決問題
支援系統
偵測錯誤及疑難排解
了解技術問題
其他：＿＿＿＿＿＿

稱讚你的人才剛認識你而已，如果他們辨識出有用處的優點，考慮加以採用吧。一開始可先觀察其他有這項能力的人並效法他們的行為。使用他們用的語言風格來提問和回答，觀察他們如何處理壓力或應對意外狀況。問問自己：「這情況下中他們會提什麼要求？」接著如法炮製。

既然他人注意到，表示你很可能真擁有這些才能或特質。想辦法加強並發展這些天賦吧。

改良原有的特質

你有沒有聽過一些用來形容你的話讓你難為情？別急著改正這項行為，先停下來想想。小時候沒好好磨練的行為長大後成為重要資產。小時候喜歡使喚人的孩子，很可能蛻變能做出重大決策的領導人。班級上愛搞怪的開心果，可能成為優秀的說故事大師或行銷專家。愛哭的孩子能長成有同理心的人，能用準確直覺來處理暴怒的客戶，或知道怎麼幫助受災者。喜歡拆解東西來一探究竟的孩子，可能成為工程師或有商業頭腦的策略家。

別直接否定一項特質，而要想想怎樣精進這項能力，或稍作調整來達到更佳成效。這項特質在什麼情況能好好派上用場？要經過什麼訓練進化成超強能力？看看那些厲害的人怎麼善用類似的特質或力量。改良這些正向特質給你更大用處。盡可能抑制較不利的特質，並加強優秀行為。謹記這些較優的特質，向人請託時可以用上。

擁有個人強項值得驕傲以及好好發揮。

為自己第一印象加分

其他人對你的描述是否令人感到沒有用處或不是什麼好事？採行或磨練這些特質來發揮自己的用處。以下提供幾個例子：

原先／未磨練行為	**改良／進化版優點**
柔順	友善而好親近
聒噪	善於溝通
害羞	擅長聆聽且情感細膩
強勢	態度堅定而有勇識
愛使喚人	有魄力地領導
雞蛋裡挑骨頭	善於分析而細心
神經質	直覺強烈且用心關切

莉賽兒

莉賽兒知道自己在公司裡細心程度不如人，但她很會與人建立關係和溝通協調，不過她一直低估自己的長處。有次團隊討論如何培養客戶關係時讓她轉念。莉賽兒很快注意到團隊正要提出的方法行不通，於是她提出：「電子報會讓大家覺得是擾人廣告，我們是不是能試其他方法來聯繫潛在客戶？」她提出五項好點子來溝通和建立關係。過了一週，莉賽兒私下聽見幾位公司主管談論到：「對了，莉賽兒對這很在行。她對人際關係實在很有一套，我們來問問她的意見。」

你能輕鬆使出某些才能和長處，其他人卻覺得嘆為觀止也心生羨慕。培養這些才能並好好發展，這能讓你舉手投足更有氣勢，提出任何請託時在背後增強信心。

展現自信的策略

你想必看過一些人充滿自信登場的人。要能在出場時氣勢十足、吸引眾人眼光，需要長時間練就。以下幾項策略供參考練習。

下次參與派對或招待宴會，別當自己是客人而是主辦單位。想想看主辦人要採取什麼行動好讓人感到賓至如歸。譬如，主人問問大家的工作近況和嗜好，主人請來賓分享共同經驗和興趣，幫忙牽線讓參加者相互認識。

判斷應該要表現正式或容易親近。某些國家、地區和社群注重使用正式頭銜。如果不太確定當地風俗民情，最保險起見的方法是名和姓都要用。別說：「劭斯先生，我是凱莉。」而是：「吉姆劭斯您好，我是凱莉瓦斯奎芝。」第一次幫人互相引薦時請說：「珍恩諾斯，我是貝伊派克，這位是羅伯多佛洛斯。」而要是不太確定怎麼稱呼人，直接開口問。

上台發表時提醒自己，你報告的內容至關重要。你的目的是要能開啟對話，確保參與人了解要點。不用怕自己沒有超級名模走伸展台的氣質，或聲音沒有專業聲優的水準。主要的目的在於讓參與者能充份掌握所需訊息、資料、圖片、事件、投影片內容。補助資料只是用來協助傳達以上訊息。

會議中音量不夠或不受注意，站起來說。這樣一來，聲音能更有穿透力，也更能展現活力。另外，大家都坐著時很難不去注意站著的人。可以的話，站起後走到白板或展示圖板前，透過視覺強化來解釋要點。而且，這樣讓你站起身更合理，而不會塑造出咄咄逼人的形象。

琳娜

琳娜很害怕團隊月度會議。不僅沒有固定議程，通常都是聲勢最大的說了算。還有，大家都非常端莊，反應敏捷迅速且老神在在。她總覺得自己在聰明絕頂的人中黯然失色。這次，琳娜需要團隊聽一項關鍵提案。她抓住對話中的適當空檔，忽然站起身問道：「各位有沒有聽過一項提案，要將退役軍人編入我們的人力中？這項改變會影響到政府契約、人員招募狀況，以及業績表現目標」。她引起眾人注意力後，開始分發講義並開始和大家討論想法。

就你見識過最有氣勢的人，學習他們的肢體語言。這些人挺身站直，有恰當的眼神交流，配合手勢來傳達要點。瞧瞧他們雙腳，通常與肩同寬。他們姿勢大方不瑟縮，同意時微笑點點頭。

發問。頂尖決策者提出一系列問題來了解當下狀況以及下一步作法。他人不會覺得他們搞不清狀況或浪費時間，而是恰恰相反。你也該多發問。

大膽提問是體現果敢。

培養膽識的策略

建立信心的一大方法就是親自見識請託的力量。如果不知道怎樣進行請求，可使用下列策略來解套。

問問小孩子意見。如果不知道怎樣請託人，和小孩子或青少年談談吧。通常你會很訝異他們會問什麼以及這些建議的用處。另外，學習讓問題簡明扼要，能讓你日後提問時更有用。

想像身旁有一群董事。針對提請要求的主題，在腦中召集一群相關專家。想要管理員工方面的協助，想想看最厲害的老闆和長官在這情況會做什麼。遇到企業財務相關提問？想想擁有財務金頭腦的人會提什麼問題。在心中預備好這些專家來當典範。

擔任顧問。要向人開口時，可以假裝自己是要幫人解決問題的顧問和指導員。問題的焦點不是你自己，而是針對該解決的事務本身來相應籌備和提問。

假裝已提出請託。注意自己的想法和肢體感受跟反應。如果感到懊悔或擔憂後果，你可能還沒有準備好提出。感到如釋重負而輕鬆自在則表示你走對方向。

想想只許成功不許失敗的情況下，要提什麼請求。想想有哪些可能出岔子的事，接著問問自己：「我要怎麼處理這些干擾？這些狀況發生率多高？」

深入思考、多加練習並保持心智專一，能夠有自信提出任何要求，私事也包含在內。這能提高獲得同意和敬重的機會。要讓自己能多如願以償、提升開口成效，就要檢視自己呈現的第一印象，並和求人高手比較當參考。

引導他人開口

請你的屬下或學員從五十八頁的清單中，選出三至五種符合自己的長處和才能。比較你和他們答案是否有差異，討論你們的選擇結果和觀點，接著問問他們：

- 要如何發展這項強項？
- 這項能力如何多運用到在職場上？
- 你需要我給什麼支持？

- 要怎樣利用這長處來提升請託成功率？

大膽去要重點回顧

- 放膽索求的第一步在於霸氣登場。
- 觀察他人並注意你給對方的第一印象。
- 注意其他人對你的觀感。
- 多多保持友善親切。
- 了解自己的長處和才能來建立信心。找出自己拿手的事不是自大，要求自己內心渴望也不是貪心。
- 放膽就是一種勇敢，開口是件勇舉。過去曾失敗以及未知回應帶來恐懼感，都是要好好克服的心理障礙。

考考你

- 我擅長哪些事？
- 就我觀察，他人透過什麼方式成功建立良好印象？

- 我要如何更友善大方？
- 我注意到他人有什麼特質值得我效法或加強？

放膽提問出擊

開口請人幫忙找出你的強項和才能。把本章潛在特質清單（見〈找出強項及才能〉）給三個人，請他們各選出五項符合你的長處或才能並回覆結果。

練習〈展現自信的策略〉、〈培養膽識的策略〉。

成功祕密法寶

請到 www.AskOutrageously.com 下載工具〈找出強項及才能〉（英文版），表格中整理出協助你達成挑戰的說明。

第三章——力氣要使對方向

要能清楚提出自己所要的，才能強勢大膽開口。每個人都忙著關注自己的需求，你必須挺身捍衛自己的權利。要為自己明確講出要求，不能只是暗示，不能指望其他人發現你默默辛苦付出，不能期待他人從你的言論中自行偵測到訊號並加以解碼。

好好把心力用來溝通及交流，並注意自己請託和成效的進展狀況。想要有所突破，最重要的無非是以下兩點建議：

1. 要求你真心想要的事情。

2. 專攻能幫助你達成的人。

專注在你自己真心所求之事

你平常有各種事情要忙，時間很寶貴，幹嘛浪費力氣？事先決定好要什麼跟為什麼想要。搞清楚狀況讓你更能講明目標並加以達成。

無論大事小事，提請任何請託前都要先問問自己：

- 你想要什麼？
- 你有什麼充分好理由？
- 需要耗費的功夫值得你花費時間和心力嗎？
- 你想要的成果是否合理可行？

你真心渴望的是什麼？可別謊報！

你必須清楚了解請求時想得到的成果，知道怎樣是取得勝果或絕佳斬獲，以及必須退讓時能接受的範圍到哪。界定目標能用來評估自己距離達成目標有多遠。要是欠缺明確方向，容易深陷泥淖，不知是否該捨棄或繼續。

許多人不知道怎麼見好就收而錯失眾多機會。得到超過原先所求後就該停手。

許多人嚴格審查自己的要求，怕要求太多或很極端。有些人是因為不想暴露弱點或怕難以掌控結果而不提出要求。要是遇到超乎原定計畫或設想範圍的機會時，這些人就止步不前。別覺得「這個人一定不會這麼做」或「要是我才不願意幫這種忙」。這種自我審查的心態讓人無法獲得原本可能達成的交易。

戰勝心魔

記得自己的年少時代嗎？爸媽說：「這世界不是圍繞著你打轉，不是什麼都由著你」。到頭來，他們還真說對了。具執照的指導大師蘇珊李文斯頓（Suzanne Livingston）指出，一般人常在潛意識中退縮，而沒開口提出自己的心願。所謂「形象經營之道」常讓人不敢開口。如蘇珊所說，我們從小受的教誨要我們表現恰如其分甚至「乖巧」，以符合扶養人、掌權人士和整個社會的期待，且這點凌駕於個人的渴望之上。以至於大家長大成人後，形象經營成了潛意識中內化的事，我們甚至沒發覺這種心理在作祟。

逼入死巷、斷人後路的問題

有些人自我意識太高，反而減損應有的優秀成效。別再把精神耗費在亂七八糟的幻想，別一直問下列這類問題：

- 我可以要求這麼重大的事嗎？
- 要是做錯或把事情弄更糟怎麼辦？
- 還是就再等看看？
- 要是出糗怎麼辦？
- 對方拒絕的話會不會打壞我的名聲？
- 要是由其他人開口說是不是更好？
- 其他人（像我媽我爸、哥哥弟弟、姊姊妹妹、小孩、鄰居、主管、同學、同事、員工，或在天之靈的叔公）會怎麼看待我？

這些只會讓你多走冤枉路、踏入死胡同，一點也無法得到成果。

研究證明，花再多時間、金錢或心力來加強自我還是永遠都不夠。你可能砸重金準備行頭、塑造最佳門面，你可能培養專業知識並累積經驗，又或者是你可能預備要面對任何反對、否定或拒絕。

追求完美無法讓你獲得真正想要的成果。

你是不是很在意提問時他人對你產生的觀感？其實你根本沒那麼多閒功夫來追求不存在的完美狀態或苦苦經營形象。而是應該把力氣集中在如何影響請託的對象。

準備好果敢發問

專注於要求真心所渴求的，不要猶豫不決，不要擔心形象問題。

要如何判斷要求的夠不夠？

- 問自己過去什麼方法行得通，在這次請求中是否值得再次試試。

- 問問同儕、上司、親朋好友在類似狀況會怎麼打算或提什麼要求。
- 問問自己能提供什麼對方重視的東西，找出簡單且成本不高的選擇。
- 問問自己能要求哪些對方會認為簡單且成本不高的事。

替自己的請託行動命名

名字蘊藏什麼力量？在心中替請託行動取個名字，能讓個人和這場要求拉開一段距離，讓你更能客觀思考。舉例來說，可以把請託取名為〈請求休假作戰計畫〉、〈報名加州訓練營請命〉。萬一請託遭否決，並不是你個人被拒絕，而是這場某某時間、某某內容的某某活動遭回絕。

專注提問

把期盼成果寫下來或講出來能讓你更專注。達到目標後，就能放心在一個段落收工或接受成果。填寫以下空格：

我的大膽提問是要：＿＿＿＿＿＿＿＿

範例：要求加薪來犒賞我努力的成果、要求某位員工準時出席並做好份內工作、要我家未成年小朋友遵守宵禁時間。

我想達成這目標的充分理由：＿＿＿＿＿＿＿＿

做到以下表示成就達成：＿＿＿＿＿＿＿＿

你的充分好理由

要能用充分理由來支持你的請託。常常提出要求本身就足夠了，但要是說出要達成這些目標背後的理由，對方常常更有意願幫助你達成呢。

根據〈「大膽去要」研究〉，一般人怕造成他人不便。準備好聽一般人不會說出口的頭號要求嗎？眾多受試者一致同意：不會要求讓自己插隊。

研究結果顯示52%的人絕對不會說出口。有些人回覆寧願向人借錢也不要請人讓自己插個隊！

要求讓自己插隊有什麼好怕的？尤其如果自己購物車滿載商品，後面的人只有兩項東西要結帳，你也會願意讓給他先結帳吧。其實，還有其他研究證實，要是提出理由來要求，其他人非常樂意讓你排前面。

因為就這樣

小時候你就學到了「請」、「謝謝」兩詞有神奇魔法。開口請託要再加上一個魔咒叫做「因為」。有項研究顯示，聽到要求後面加上「因為」兩字，答應的機會大幅提升。請人讓自己先用影印機有60%會得到同意。但要是同樣的人是問：「能不能讓我先印，因為……」，有94%的人會說好。在「因為」後面放什麼字其實不重要，不管是「因為我趕時間」或甚至莫名其妙地說「因為我要印東西」，兩種說法都能夠提升對方答應的機率。（這項小型決策相關的簡短要求研究，在一九七〇年代由心理學家艾倫蘭格（Ellen Langer）實施。近期在二〇〇九年，同份研究經史考特齊伊（Scott Key）與研究夥伴於北伊利諾大學及美國聯合大學再度重現。）

你划得來嗎？

培養提問習慣能磨練你霸氣地提出要求。然而，並不是每件可要求的事情都理應去爭取。人的時間和精力有限，要先判斷哪些易做或用處大。要是請託屢屢受到拒絕，不如趕緊認賠抽身。如果覺得不太看好成功機會，或就算得到回報也不划算，那麼應該去要求別的更合理可行的事。

引導他人開口

請你負責帶的人填寫〈專注提問表格〉（見七十六頁），並和你一起跑一次流程。請他們和你進行角色扮演練習，讓他們扮演請託對象，由你當提問人。（接著互換角色，讓他們觀摩受拒絕或聽到預料中回答時怎麼應對。）

大膽去要重點回顧

- 你一定要幫自己爭取權利，明確要求自己想要的，不能夠只有暗示或希望其他人注意到你的辛苦之處。
- 「形象經營之道」或說「其他人會對我產生什麼想法」的心態，可能讓你無法提出你心中真正想要的。切記，這項約束是用於小時候，在你長大成人不再是金科玉律。不用怕行為大膽，開口要求自己想要的吧。
- 提出要求時要對想要的成果瞭如指掌，並知道怎樣才是成功達成。
- 成功和完美兩者並不一樣。提出要求的目標是成功（得到對方點頭答應），而不是完美。別想把請託臻至完美而遲不開口。
- 讓對方決定怎麼回答，別因為（自以為）知道對方會怎麼回而不敢提問。

- 別用「可是萬一……」的心態來動搖自己的理由。

考考你

- 這項提問對我來說值得嗎？
- 我真心渴望的是什麼？
- 我有什麼充分理由？
- 我所追求的是否合理可行？
- 請託時萬一最糟狀況發生要怎麼做？

放膽提問出擊

- 用「因為」開頭並加上理由，請前面購物車滿載商品的人讓你先結帳。
- 針對下週要提的要求填好〈專注提問表格〉（見七十六頁）。

成功祕密法寶

請到 www.AskOutrageously.com 下載工具〈專注提問表格〉（英文版），當中整理了輔助達成挑戰的說明。

第四章——對他們有什麼好處？

你可能很仔細預備提出請求，卻忘了要考慮對方能獲得什麼好處。忽略他們的利益只會造成更大的阻礙。你耗費時間和心力來提出要求、從自己的立場爭取，但如果沒顧及對方需求及體諒對方難處，他們會比較沒意願採納。

請記得，每個人都專注於考量自身利益，沒有例外。有沒有聽人說過「對我有什麼好處」這句提問？不能只顧及自己的需求，還要訓練自己調整需求來顧及對方的需求。問自己「對他們有什麼好處」並注意對方可能會面臨的難處。就算你再有說服力、再怎麼討喜，對方不會願意賭上自己的工作，或者在業界犯忌來達成你的要求。

〈「大膽去要」研究〉結果顯示，多數人把太多力氣放在沒效或無謂的事物上（見圖5）。一般人覺得開口要能抱持自信，關鍵在於了解細節並事先預備做好功課。沒有錯，就是「細節」和「預備」。把目標轉移到考慮對方目標和理由吧。

你不能只考慮「我」

如果希望提議受對方接納，開口時別把關注焦點放自己身上。可以先問問自己以下問題來考量對方利益：

- 這個要求是否能讓他們獲得更好的職位？
- 答應我對他們有什麼效益？
- 要怎樣確保對方覺得我有聽取他們意見？
- 要怎麼讓對方知道我敬重他們意見？
- 要怎麼讓對方確知我爭取自身利益的同時，也顧及他們的最佳利益？
- 要怎麼樣表現出自己願意保持彈性、視情況應變？

圖 5　讓我開口更有信心的狀況是我……

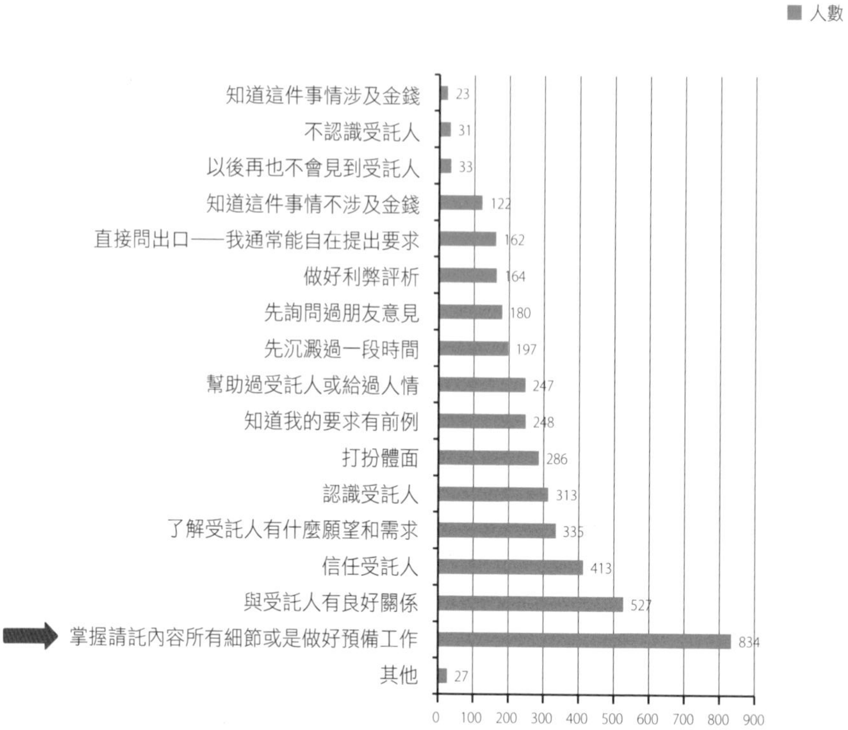

他們划得來嗎？

〈專注提問表格〉（第七十六頁）題目中，你的答案能輔助你判斷什麼是求人的必備要素。現在，思考他人對你的請求會有什麼看法。要讓請求的內容對他們而言有價值，用同樣題目來思考，想想所有利益相關人，接著問：

- 他們想要什麼？
- 他們有什麼充分好理由？
- 需要耗費的功夫值得他們花費時間和心力嗎？
- 他們想要的成果是否合理可行？

試著回答這些問題，讓你更能發揮創意，找出可能讓對方願意出手相助的好理由。另外，也可以評估對方答應請託時有多麼投入。如果無法想到值得對方花費時間心力來幫忙的理由，問問他們怎麼做才會讓他們覺得值得。

許多人是只要你開口就會答應，他們自有理由來幫助你。你的請託可能只是小事一樁，或是他們平常做慣了的事情。他們可能樂於助人，他們可能想做你生意，或希望你成為顧客。又或是你很像他們喜歡的人，包含他們自己。

索契亞塔

製片人索契亞塔普夫（Socheata Poeuv）在美國長大，過去從來不知道自己家族在赤柬種族大屠殺事件中倖存下來。她和先生製作獨立電影《新年寶寶》（*New Year Baby*）時，需要一名動畫師處理描述柬埔寨歷史的小片段。他們夫妻倆大學畢業，沒有辦法負擔好幾十萬美元的費用。因為動畫師喜歡這構想，且他們開口請託，於是他只收一小部分費用來製作這個片段。他們頭一次洽談時，萬萬沒想到動畫師也曾是大屠殺事件的難民。

每個人手邊掌握的資訊有限，不可能完全知道為什麼對方要做某件事，或他們真正想要的究竟是什麼。他人可能產生什麼想法跟感受、會說的話跟做的事。我們預想的其實並不全面，因為沒有人會讀心術。

每個人都有他們的理由。

問問對方要什麼

知道對方動機確實很好，但就算不知道也無大礙。你可能永遠都不知道為何有些人答應或拒絕，不要浪費時間來探究他們為什麼願意幫你。對方點頭說好就夠了，感謝他們然後繼續往下一步邁進，不要一直追問到對方反悔。

能引起你動機的事不見得能讓他人行動。對方需求、願望和渴求可能跟你的不同。不相信的話想想自己與人來往的狀況。不管對方理由有沒有道理或能否讓你理解，每個人都會有自己的說詞和理由。

大家重視的事

考慮對方可能想要什麼。提供對方重視的事物來增進共識，其實容易得令人難以置信。人常低估己方能提供的物品或服務有多少價值。你可能握有一些資訊或服務對他人很有價值，但對你來說成本低廉或根本免費。不管是在他們使用產品時提供支援，或給他們目標客群情報，又或者只是給個方便，像是在新大樓準備好前先把採購來的設備借放在你的倉庫裡。你可能擁有對方中意的東西，且你也樂意提供。直接問對方吧。

凱瑞

凱瑞在職業培訓公司擔任管理主任，她向副董事長請求提供資金，聘請講師為部門授課。副董事長答應支付幾乎所有的開銷。現在凱瑞兩名組員能在線上上課並取得認證。凱瑞很高興未來可以培訓更多人，不需要大費周章籌備或額外開銷。她說，「這次請託讓我們省下一筆交通費，也可以不用離開辦公室，真是划算！」

輕鬆要求

其他人可能願意免費或打折給你有價值的物品、服務或資訊。向他們開口吧。要得到更佳結果，思考看看哪些你想要的資源對他們來說成本是低的，向他們請託或提議。

我鄰居說他拿到新的 iPod，舊的那台不太用了。真是得來全不費工夫的好機會。我開口向他要，於是現在我擁有自己的 iPod，不用再和老公共用一台。

讓自己的提問讓人容易點頭答應。

溫道爾

溫道爾是事務所管理合夥人，兼合格認證的傷害法及民事訴訟律師。他行事風格常有別於其他律師。他幫助反方完成任務。溫道爾定期和仲裁人跟反方委員會溝通協調，向他們提供自己當事人最新消息。他甚至無償提供病歷、檢方報告，還有其他文件，省下對方許多時間和麻煩，也省下他們正式提申請調閱這些文件的開銷。溫道爾說：「讓對方輕鬆快速了解你正要處理的明確案件，不是很好嗎？我打電話過去提議要和解，他們獲得足夠資訊和文件來下決策。萬一調解破局，再來上法庭也不遲。」

柿子要挑軟的吃，因為可口又不難得手。覺得非得奮不顧身，否則沒資格接受任何成果，這種想法只會讓你開口時進退為難。要是沒拚命就成功，感覺起來不太真實，還是趕快認了吧。並不是所有的事情都要拚死拚活、歷經艱鉅挑戰才能獲得成果。

我兒子看中一間小套房，我無奈地對銷售員說：「真可惜，這次我沒辦法拿仲介費。」她說：「誰說不行？」

克里斯

克里斯哈瑞森（Kris Harrison）是沙烏地阿拉伯一間新創公司的

執行長。他們公司專為客戶提供電信方面的解決方案。克里斯在利雅德近郊探查新辦公場所，發現原租戶準備搬到更大間的辦公室，於是向對方開口。他說：「我大膽提議，請他用五千美元把辦公室全部裝潢賣給我。這樣就只要帶走公司裡的個人用品和筆電，直接搬到新辦公室，不用忙著搬運或煩惱怎麼賣掉這些用品。」

克里斯繼續說道：「賓果！這就成交了。兩個禮拜後我們搬進了已打理好的辦公室。我們是新創公司，所以沒有任何裝潢。現有家具、辦公桌椅、列表機都用不到一年，狀態完好如初。開口要求替我省下至少兩個月的營運開銷。」

盡量少增加對方負擔。舉例來說，不要讓對方耗盡心思來解讀你想請託什麼，要清楚講出自己的目標及背後道理。雖然在作法上你可能想保持彈性，但記得要好好交代請託內容以及原因。

我注意到，明確提出自己想要什麼效果良好。請對方做一件事情，還要人耗費心思想好怎樣達成，實在說不通。其他人可能願意執行任務，但沒那麼願意費勁規劃如何達成。

請託人的同時，也要助他們一臂之力，讓對方比較好辦事。向他們「推銷」或解釋自己請託內容時，幫忙推一把，問：「我提供什麼資訊能讓您比較好處理？」就算位高權重的人也要有充分理由，好向人交代這麼做的道理。

海倫

海倫找上司卡洛琳娜討論在自宅工作。「卡洛琳娜，我能不能一個禮拜三天在家工作？我知道有些人是這樣。在家工作能讓我較好照顧小孩，還有就近照顧父母。」卡洛琳娜回答：「我很想答應妳，可是我沒聽到妳提任何有說服力的理由，或交代這對公司有什麼幫助。如果妳能想到充分理由再跟我說吧。」

海倫之後重整要求，再度向卡洛琳娜開口：「以公司利益而言，我有好理由在家辦公。我禮拜一和二要開會，所以不會用到辦公桌。

我可以這幾天來公司，其他天在家工作，這樣能夠清出工作空間。我在自家辦公，更能夠和不同時區的人參與通話會議。而且，從我家到客戶北區辦公室只要五分鐘，我可以更常過去，也更快速了解和處理技術問題。您能不能同意我在家辦公？」

卡洛琳娜微笑回答：「我就知道給妳點時間思考就能找出答案。好呀，我同意。接著要是老闆問妳的要求對公司有什麼好處，我就能給個交代了。」雖然這對海倫來說是大膽請託，但也並不是首創。卡洛琳娜鼓勵海倫思考，讓她了解到未來如何在職場提出適當要求。

雪兒比

雪兒比很無奈團隊的成員計畫執行成效不彰，她請主管來出手處理，要求他們好好配合。但她上司沒有直接答應，而是回答到：「雪兒比，我以前有介入過，結果並不好。妳必須要負責和其他部門好好協調配合。如果妳要提出其他好主意或方案，我很樂意和妳一起想。」之後，雪兒比再度請教上司意見時，就知道要請求適當協助，而不是希望其他人直接替她解決。

乾脆一點

問法可能大幅改善你獲得的幫助和成效，讓對方有幹勁你會更好辦事。能不能問他們的想法或在意的點，而不直接替他們回答？如果能輕易找出解決辦法，大家容易忍不住要提議方向和主導整個流程，但不要改變對方的提問，讓他們用自己的話說，並以公司立場來支持。

艾伯拉蕭夫艦長

麥可艾伯拉蕭夫（D. Michael Abrashoff）是美軍班福特艦的前艦長，著有《這是你的船：有效領導的十大技巧》一書。他關心船員的生活、成長背景、未來願景和加入海軍的動機。他一個個詢問每人在班福德號上的角色，問他們「最喜歡艦上哪些地方？最不喜歡哪些地方？最想改變哪些地方？」

大膽提問帶來非凡成果。一九九八年，這艘軍艦用原定預算75%就能營運。艾伯拉蕭夫艦長表示：「船員能自由挑戰舊慣例，積極思考更好的方法才辦事……因此，我們能夠在二千四百萬美元的保養費預算中剩餘六〇萬美元，三百萬美元的維修預算中剩餘八十萬美元。」這在海軍史上創下紀錄，而且，他們繼續接受徵召。艾伯拉蕭夫說：「連我自己都很驚訝，但是數字不會騙人。船艦兩大類別的留任率從28%躍升到百分之百，而且繼續保持。」

答應對方時盡量不要糾正或修改原本提議。不要提但書，而是乾脆一點說好，更能鼓舞人。

帕米拉傑特（Pamela Jett）寫了一本書《留人溝通力：透過良好溝通加強員工參與》（*Communicate to Keep 'Em: Enhancing Employee Engagement through Remarkable Communication*），她提到：「找適當時機無條件答應對方。一口答應給人感覺是：

● 好，就這樣辦！

● 這個好，放手去做。

● 真是好主意，我們來動手吧。

不要附帶條件或考量附加價值，不要挑毛病或吹毛求疵。乾脆答應就等同向員工或團隊說：『我信任你。』

別想太多……先做再說。

時機

如何判定開口時機？一想到就開口問？那樣的話，可能沒做好準備來支持自己的要求。不想惹人厭所以繼續等待？擔心如果開口問會讓人看不起？有了準備，最佳提問時機就是當下。太早提出可能多此一舉，而慢慢等發問時機可能讓你失去整個機會。

● 每個人每天都有事情在忙，我覺得很難找適當時機提問。

● 這年頭大家都行程滿檔。我在意的是，他們花費時間心力所帶來的效用，是不是不如我自己來就好。

瑪爾戈

瑪爾戈參與一場歷時五日的商業會議，因此和同事共用一間房間。他們當初訂房時，要求要能看到海景，但是當他們抵達時，入住的房間景觀不怎麼好看，盡是屋頂跟冷氣機。瑪爾戈拿起話筒要打給櫃檯人員，向他們要一間更好的房間。不料同事說：「還是別麻煩人家吧。這可能是目前最好的房間了，至少沒有住到更糟的。」瑪爾戈答覆有試總比沒試好，於是提出要求換房，而且有禮貌地解釋原本訂房的情形。櫃檯人員確認了空房狀況後，把她們升等到景觀更好的房間。

波拉

在一場靜態募款拍賣活動中，波拉走到一盆陶瓷盆栽旁。這株植物用藍色盆子裝著，擺在她的辦公室大廳想必會很漂亮。她想詢問主辦人如何購買這株盆栽，但那人看起來很忙，波拉不想打擾。在她等待的同時，他看到一名男子捧起那株盆栽，向主辦人開口詢問，接下來掏出二十元美金，帶著她所屬意的大廳擺飾盆栽走人了。波拉後來又看到了另一盆她喜歡的，這一次直接拿出皮夾，走向主辦人說：「您好，我要買下這株盆栽。」

應等待的時機

有時候根本不需要提出要求，有些問題時間到了就自然而然解決，不用你出口或動手。或是，最好先緩一緩，等對方心情較平靜或能專注聽你說的時機。以下問題可用來判斷適當開口時機。

- 就目前資訊而言，如果繼續等待更佳時機，這時機真的會來臨嗎？（這人是不是隨時都很忙？現在這個時間點算特別忙碌嗎？）
- 等待的話，能得到理想答覆的機率會提高還是降低？

- 能不能先問個問題或用其他方法來判斷適當開口時機？
- 如果有人像我在這個時間發問，我會願意回覆嗎？
- 如果現在不提出來，那什麼時候才要提出請求？

奈特

奈特很不想打擾威廉，但他需要威廉回覆幾件事。之前奈特敲敲他的門，威廉嘆口氣說道：「怎麼了？可以之後再說嗎？我現在真的忙不過來。」奈特知道他接下來提的事需要全神貫注討論，因此開口說：「威廉，我們這週能不能約個時間來討論三個與大客戶相關的問題？我需要完整的十五分鐘。你方便在什麼時間地點來好好商量？」

忙碌而壓力大的人很可能因受干擾而情緒爆發。這時不知道他是針對你，或是因被打擾又或是為了其他事發怒。想查出對方到底受什麼困擾，通常只是白白浪費自己的時間。該做的是把問題留到改天再談。

談話的時機

要判斷通電話的時機非常不容易。就算沒進入語音信箱而是本人接聽，也沒辦法看到對方表情動作。沒有辦法確定有沒打擾到他或旁邊還有什麼人。只能聽對方所說的內容和聲音語調判斷。或許你可以問「現在方不方便說話？」但小心這樣可能讓對方避開對話，要更大膽點才是。

羅傑

羅傑是名財務顧問，受人轉介給金姆。羅傑覺得金姆財務問題似乎很緊迫，因此週一一早就趕緊撥電話過去。然而，金姆回覆的聲音非常不耐煩，聽起來情緒很緊繃，一下就說她很忙，接下來幾個月也都沒時間跟羅傑談。羅傑掛掉電話後只覺一頭霧水。

誰也不知道為什麼金姆這樣回覆，或許她在開會、沒心理準備、當天壓力實在特別大，又或者是她比較希望羅傑寄電子郵件而不是直接打過去。羅傑寄封簡短電子郵件給金姆寫道：「金姆，看來在您百忙之中打擾了，我六週後再致電。若您在那之前有需要我的地方，煩請再連絡。」他也把電子郵件副本給朋友感謝引薦。金姆收到羅傑的電子郵件後想起先前的事，後來她在情緒較和緩時打來道歉，也講定兩週後會面。

問對方何時方便見面、一次能談多久，雙方就形成共識。要遵守時間，準時到達並在預定時間內收尾。剛開始接觸就讓對方知道你會守時，未來更好再開口請求幫忙。

最後時限

簡短時限常用來迫使對方迅速下決定或憑直覺行事。我想你一定聽過「要買要快」的廣告詞。記得要先要求多些考慮時間。萬一對方不給你時間考慮，要留意是不是事有蹊蹺。

裘吉

快到了打烊時間，銷售員把車開到裘吉前，他仔細端詳後總覺得不太對勁。銷售員邊看手錶，邊說：「好了，在這邊簽個名，我們就都可以走了。」裘吉聽從自己的直覺回答道：「在買車之前，我大概需要五到十分鐘的時間，再看看文件還有資料。您是不是希望我明早再來？我知道現在時候不早了。」

銷售員注意到自己有可能流失客戶，於是和裘吉說不急、慢慢來。裘吉看了自己對那輛車查詢的資料後，發現哪裡不對勁了。現場的車並不是他先前查過的、試開的車，而且這輛沒有附送升級配備。這一次搞錯可能只是因為銷售員太累的無心之過。好險，裘吉開口要多點時間來檢查，讓他能把對的車開回家。

要是時限非常趕，或你覺得考慮時間受壓縮，千萬要記得先把時限延長再說。

亞倫

亞倫提早到達會議現場，結果每個人都已經倒好咖啡、開始討論。他覺得自己好像打斷其他人似的，再次確認手機上的時程表和議程，確認沒走錯會議室而確實提早到場。主管說：「我們已經準備好請你簡報了。」亞倫手忙腳亂接好電腦開始報告。他剛開始沒幾分鐘，就有人打斷他說：「亞倫，講這些的重點是什麼？你要我們怎麼做？」

亞倫知道小組已經準備跳到下個議題，亞倫努力忍住不要草草帶過或直接走人，而是停下來提出問題：「以下要向各位報告的共有三個要點，看各位的提問狀況，大概要花五到十分鐘。請問各位接著想要如何進行？」小組同意多增加十分鐘，原本氣氛也從不耐煩變得更為敬重。

請託內容是否恰當可行？

你有沒有曾經籌備好幾個小時來，結果發現那件事情根本不可行？虛耗資源、甚至預想目標根本行不通的事經常發生。譬如，有些人可能被官司糾纏了好幾年，而搞不清自己真正想要什麼結果。而且，各方人士所要求的，常常並不是司法體制能夠處理的問題。一些人耗費了幾個小時、幾個星期、甚至幾個月，卻沒辦法讓他們得到自己所想要的。他們要求的結果並不可行，也就是說他們的請託內容不恰當。

史密斯醫師與維森醫師

史密斯醫師及維森醫師先前是醫界夥伴，他們希望能在開庭前私下和解。維森醫生準備好了幾張表格來解釋自己是「對的」、應該要「打贏」。調解人員看看並聽了維森詳細解釋後問了個問題：「維森醫師，感覺起來您要求的是對方表示尊重並道歉，這是法庭不能強制史密斯醫生給您的。」維森醫師了解自己沒考慮到「打贏」官司指的是什麼，還有就算獲得金錢賠償也只能用來付律師費。這個瞬間，溝通方式產生變化。維森醫生要求和史密斯醫生見面。兩位醫師談了先前的事件，並且互相道歉表示自己不對，他們一起達成的結果是法庭上沒辦法做到的。

意見不同也不用吵個不停。

莫名其妙的請託

不了解請求背後的原因，可能只會覺得聽起來莫名其妙。你有沒有聽過一項大膽請求，讓麥當勞被判賠一名打翻咖啡的婦人二百八十六萬美金？到底是為了什麼，律師要求法庭判這麼高的賠償金給自己弄翻咖啡的七十九歲老婦人？我們來看看背後的故事讓大家比較能理解箇中原因。

原告史戴拉里貝克（Stella Liebeck）遭三度灼傷，燒傷覆蓋面積達17%，持續兩年接受治療。她住院八天，接受植皮手術。而麥當勞也承認他們上百名顧客曾因咖啡燙傷。這麼大的賠償金額是哪來的？

原告律師要求法庭判麥當勞賠償一或兩日的咖啡總收益，這是為了要警告麥當勞供應咖啡溫度不宜過燙。

你對接下來這個很狂的要求有沒有印象？搖滾樂團范海倫（Van Halen），要求他們演唱會後台不可出現咖啡色M&M巧克力。到底為什麼這樂團提出這個莫名的要求，特別指名M&M巧克力顏色？原由是這樣的：樂團想要確保發起人認真閱讀協議內容和細則並加以遵守。後台看到咖啡色M&M巧克力，警示樂團要注意細節，尤其舞台限重相關安全細節。重量錯判會讓設備陷落舞台，造成八萬美元損失。

覺得他人向你要求的事情不合理前，可先問問他們怎麼會有這種請求，背後原因可能會改變你的回覆。向人開口時要鎖定合理而對方能答應的請求。如果你覺得自己的提議可能讓對方很驚訝，記得先預備好怎麼溝通並討論理由。

引導他人開口

請你管理或指導的學員想出解決方案，並盡可能回答「好」，或開口支持他們的提議或方案，不要更動或糾正他們原先的說詞。

要求他們向你簡報，接著練習用幾句話摘要出內容。仔細聽並盡量要他們傳達的訊息簡短有力。畢竟，會議可能出現流程掌控不好、講者超時等各種臨時狀況，誰也不知道何時會議和報告的時間會被壓縮。

大膽去要重點回顧

- 開口要說出「你自己」想要的。請記住，每個人都顧著自己的立場。
- 多數請託中，大家想著的是「對我有什麼好處」。開口提問時要調整請託內容，將他們的利益納入考量。你的要求給對方的好處可能不是很明顯，你可以自己架起橋梁。
- 有時候能知道對方答應請託的理由，但不見得每次都可能，有時就連對方自己都不曉得。有時候也沒有什麼特別原因，「反正就這樣」。

- 要安排執行方式好讓對方點頭。請託時盡量不要增添對方麻煩，要清楚講出自己想要的，而不是給人構想而要他們自己想辦法達成。

考考你

問問自己：

- 他們想要什麼。
- 有他們有什麼好理由。
- 這件事情值得他們耗費時間心力嗎？
- 他們所想要的事情是否恰當可行？
- 我能怎麼做，好讓對方較易答應？

放膽提問出擊

- 下次簡報時，檢視是否能在一分鐘內交代重點。
- 下次請託人時，先問對方想要什麼，再來要求自己想達成的事。

成功祕密法寶

請到 www.AskOutrageously.com 下載〈大膽索求表格〉（英文版）。

第五章——信任與尊重

奠基於信任和尊重的關係能讓各方受惠。如果你真誠付出努力來協調、發揮創意來找出對大家公平的解決方法，他方的人能帶來意料外的非凡成果。找出對方真正在意的事，再依據自己的立場提出請求。

信任之要素

很少人身上會自建高信任度。根據起初給人的印象，少數幸運兒能快速獲得他人認同。無論這是先天的才能或後天習得的能力，他們光是在場就能讓人感到鬆了口氣。想想看，你抱持自信走入會場內，知道大家都覺得你很可靠、值得敬重且很親善，真是何等的才能呀。

一般人常忽略了提問時雙方信任關係的重要性。〈「大膽去要」研究〉中，幾乎三分之一答題者表示，如果他們對請託者沒好感、無法敬重或信任對方，就會拒絕請託（見第四十頁）。

你會自然而然相信剛認識的人嗎？大概不會吧。多數人對剛認識的人不會輕易感到自在或完全放心，要等到他們有值得信賴的表現才行。如果其他人不信任你，可不會發生什麼好事，你下的種種決策會受到質疑。在職場上，會受到刁難或被排除在重要討論之外，你客氣開口也沒辦法獲得需要的資訊。私人生活中，信任能開展及穩固人與人間的關係，因此甚至更加重要。

特洛伊

特洛伊和兒子玩高爾夫模型。當天他在風車關卡揮桿進洞實在很不順手，他計分時，兒子問：「爸，這洞你怎麼只計三次？你明明試了八次。」

建立信任感

你可以打造信任感，提升其他人對你的評價。請看下列清單，是否能挑兩項著手來建立信任感？

- 說實話且兌現承諾。
- 口風要緊，保護商業機密。
- 切勿欺瞞（就算沒有其他人知道）。
- 無法獨立完成時請求外援。
- 避免說別人的不是。
- 承擔責任，少怪罪人。
- 別騷擾或打壓他人。
- 不要哄抬價格或占人便宜。
- 就算是要付出些代價，還是要做正確的事。
- 準時。

禮節很重要

人要有禮貌，老媽說的是對的。有禮貌這件事的重要性非同小可。本研究三分之一回應者表示，如果對方不為人設想或欠缺禮貌，他們更有可能會回絕他們的請求。這項建議聽起來非常基本，但並不是每個人都會做到。請託人時設身處地，對方會願意多出點力來幫你一把。保持應有的禮貌並傾聽對方想法能讓你成功率增加。禮貌起作用的原因：

- 展現自己能控管好情緒。
- 讓對方參考如何對待你。
- 不會被抓到把柄，而在日後受到反撲。
- 驚豔對方。
- 對方知道你對他客氣平等。
- 營造與他人的鑑別度。
- 反映出自己的好教養和格調。

我們需要讓頭離開3C用品，重新回到面對面溝通，並記得簡單的「謝謝」「不客氣」。

——《保持最佳的商業行為》，科里・瑞肯貝克（Colleen

Rickenbacher）著。

互惠原理認為，人們應該儘量以類似的方式報答他人為我們所做的一切。

——《影響力：讓人乖乖聽話的說服術》，羅伯特席爾迪尼（Robert B. Cialdini）著。

釋出善意

友善展現的是力量而不是軟弱。待人友善雖然需要長時間經營，但能讓你提出請託時，較容易取得信任、資訊以及對方同意。

我從小在布隆克斯長大，三字經自然也學了不少，但是最有力量的還是客氣的言語。

——《善意的力量》，琳達凱普蘭薩勒（Linda Kaplan Thaler）著。

羅斯

羅斯在聯排別墅管理辦公室，不是投交文件就了事，而會親自向管理員確認，並且向她問候。有次他說：「我知道我可能排得很後面，但要是有間三房的屋子空出來了，我隨時可以入住。」管理員挺喜歡羅斯這個人，他很有禮貌且比其他房客來得敬重她。她回：「這個嘛，說來還真是巧。我們昨天下午正好談完一場合約。這就去看看吧。要是你不嫌棄的話，下個禮拜就可以讓你入住。」

伊安

伊安要搭往波士頓的班機發生了一些技術障礙。他在等待換航班時，看著旁人沮喪、緊急撥打電話以及大發脾氣。他走到登機門地勤人員旁，看到對方皺著眉頭。

伊安說：「是這樣的，我很少旅行。不好意思，我真不知道接下來怎麼做明天才能準時到達會議現場。能請您幫我嗎？」這時地勤人員臉色柔和下來應道：「看來你還沒有託運行李。這裡有張票你拿著，在接下來三十分鐘內到Ｅ16門那邊就能讓你上班機。動作要快點，不過我想沒什麼大問題。」伊安向她答謝，她回答：「謝謝。

祝您會議順利，歡迎再度搭乘我們的航線。」

伊安自己不知道，這名人員對待他的方式優於其他有權有勢的常客，因為他既有禮貌又友善。她同其他許多服務人員，有權力自由決策來改善顧客受的待遇。

請託時要有禮。不管對待哪一個階層的人都該抱持敬重態度。怎麼能用高姿態對待能對你有最大幫助的人？不管是接待員，服務生、清潔人員或是計程車司機，都應受到和企業老闆或高階主管一樣的敬重。這些辛勤工作的人能決定活動過程是否順利舒暢。你可能會很訝異他們認識哪些人，以及他們所能運用的權力。

史蒂芬

史蒂芬看著同事鮑伯對餐廳服務生的態度，覺得實在丟人現眼。服務生使出渾身解數確保他們用餐愉快。鮑伯明明應是所謂的超級推銷員，但現在反而一點也厲害不起來。

開口後要傾聽對方

向人開口讓你有機會與人交流以及用心「聽」！每個人都希望心聲被聽見，感到意見受採納的人願意和你建立更佳關係，彼此溝通更順暢。還沒有聽對方回應前，不要自己預想好回覆。問出問題、探索對方回答，並且細聽他們說了什麼、沒說什麼。

要聽對方意見時，首先要從對方偏好的溝通方式著手，這樣一來你更容易建立緊密關係，以及展開更深入有意義的對話。

溝通模式

大原則是按照對方的通訊方式來回應，但也別忘了檢視自己猜想的是否正確，要問問對方習慣的溝通方式。

- 您較偏好透過何種方式聯繫：電子郵件、簡訊、電話或面對面？
- 開始正式洽談前，請問用什麼方式聯繫最方便？
- 聯繫您時是否有什麼事要避諱？

● 如果我們雙方無法聯繫上，請問我應該連絡誰？

為了要讓提升雙方往來及資訊流通，要知道對方希望用什麼方式接收訊息和請託，並且加以採用。就算你認為應該照你自己想要的方式來溝通，還是要找出適用雙方的辦法。溝通方式要讓對方願意回應。

瑞恩

瑞恩受夠了沒禮貌的團隊成員，他寄的電子郵件都沒人要回。他和同事講到這點，同事回：「用簡訊吧，他們都會回簡訊。」瑞恩半信半疑地寄簡訊給隊員，提醒他們五分鐘後要參與語音會議。五分鐘過後，團隊成員登入線上會議。瑞恩心想，發送群組訊息真的好過寄好幾封電子郵件沒人回、自己一人開語音會議。

如果你覺得好像遺漏一些資訊，確認看看是不是遇到通訊或技術障礙。注意是不是有什麼原因讓你被排除在外，可能是誤會或問題並不出在你身上。

布琳

布琳好一陣子沒回蘿拉訊息。不管蘿拉發送什麼訊息內容，布琳都毫無反應。蘿拉想破頭也想不起自己做過什麼惹得布琳不快。最後他們兩人終於搭上話了，蘿拉問道：「怎麼啦？妳怎麼都不回我簡訊？」布琳說沒有收到任何蘿拉的簡訊，檢查手機後發現，過去兩天來電話的設定阻擋了蘿拉和其他許多人的訊息。

如果發現自己沒收到電子郵件、活動行程邀請，或是被遺漏在群組信外，要找到發送人，請對方重寄信或寄副本給你。通常對方不是不尊重你，只要能聯繫上就能夠再度加入。還有，請人不用每封電子郵件都寄副本給你，只要你需注意的就好，也不要每次都把副本寄給其他人。

我請團隊成員只寄需要我注意的電郵就好，我就不需要讀五百封與我無關的信。這要求讓我每天省下來好幾個小時，讓我更能把心思放在團隊成員身上，而且他們會更有參與感、和我關係更加緊密。

將提問體現到生活中

發問能幫助你釐清資訊、理解未意料到的事、知道何時行動以及該避免什麼事。最佳的提問能讓你獲得資訊，也讓他人反思自己的真正目標。

《指導員快速上路：成功指導的捷徑》（*Quick Start Coaching Kit: The Fast Track to Coaching Success*）的共同作者米拉布朗（Mina Brown）表示，要真正了解一個人，要問「開放式問題，」並「豎起耳朵」，細聽對方說了什麼、沒說什麼。提醒自己在討論或描述緣由時要參與其中。把聽到的話再重複一次，確認是不是合乎對方所說的。

「什麼」以及「怎麼」

為了獲得具有深度的對話，要使用高階主管指導員的詢問技巧：

「什麼」和「怎麼」。這些字詞本身不帶批判而能引出豐富資訊。這些問題尊重人，讓聆聽者能真正發出疑問，而不是自己提出辦法。

開放式問題不只是問是非題，因為本身不帶批判而能促進討論，而不是讓聽者要處處反駁。這樣通常能夠獲得資訊，而不是讓人答覆時想自我防衛。

- 你明天要怎麼樣能準時呢？
- 發生什麼事導致車速這麼快？
- 你要怎麼重寫這份報告來改進？

為什麼要少問「為什麼」？

提問時盡可能避免用「為什麼」來開頭。提出質疑時把焦點放在問題而不是解決辦法上。通常一般人聽到「為什麼」的同時，會想找理由並自我防備。另外，避免使用「為什麼」發問，也能避免聽到令人膽寒的答案：「因為我說了算！」

你的意見

其他人請你幫忙思考問題時，克制自己別直接講出意見。可先用底下的問題來釐清。

- 「你目前想過哪些事呢？」
- 「你問過自己哪些問題？」
- 「哪方面資訊對你有用處？」
- 「這決定對你有什麼影響？」

其實大家內心深處都知道怎麼做才是最好的。有時候他們只是需要幾個選項來從中斟酌，或是得到他人肯定。試試以下的說法和問題來幫他們判斷下一步怎麼走，或實際行動。

- 「聽起來你方向對了，接下來打算怎麼做？」
- 「考慮到以上所有選擇，你比較傾向哪種作法？」
- 「如果非成功不可，你願意嘗試哪些事？」
- 「如果你死黨面臨同樣問題，你會給對方什麼建議？」

行動提問

不要直接提供想法或建議，而是先問應該做哪些事。通常大家知道自己下一步最好怎麼做，這樣一來他們也比較願意行動。

- 已經說明了這項疑慮，我們接著應該怎麼做？
- 根據目前所討論的，下一步應該做什麼？
- 這件事你認為怎麼處理最理想？
- 下一步你想做什麼？你對這項行動有幾分堅持？

就算你心中有很棒的答案，也不用在每次他人提問時都講出想法和意見。每個情境都是獨一無二的，一般人通常都具有必要的判斷力，而且他們自己所想出來的解決方式更可能實際地執行。

觀察肢體語言

除了聽對方說話，也要觀察他們的肢體語言。開口提問讓你有機會觀察對方行為。不論是身體姿勢還是表情，如果對方肢體動作突然有改變時，你就要多注意了，可能可以發覺在自己傳達訊息給對方後起了什麼作用。

要注意不要認定自己能解讀出對方的意圖。你不可能完全知道對方腦袋中在想什麼，或他們的身體為什麼會出現這些反應。舉例來說，如果你說了一件對方並不同意的事，他們可能皺起鼻子而表情不屑，或摸摸鼻子一副不可置信的樣子；他們有可能會瞇起眼來努力理解，或因說謊而更頻繁眨眼；他們也可能因正在仔細考慮你的提議而摸摸下巴。當然，以上反應也可能都是過敏或感冒惹的禍。身體前傾可能代表對你說的話有興趣，後傾可能是在細想你說的話。可是這些姿勢變換也可能表示他們背痠了，想換個動作或姿勢。雙手交叉可能表示談不下去，但也有些人覺得這樣反而比較放鬆。注意到對方肢體語言改變時，問問：

- 「我剛說的你怎麼看？」
- 「你贊同我說的嗎？」
- 「你現在正在考量些什麼呢？」

●「我注意到你好像對這議題不是很有興趣。能說說你的想法嗎？」

切記，各種文化中所擺的姿勢反映出的意涵常是天差地遠的。點頭、眼神接觸、說話時碰觸人、對個人空間以及時間的重視程度，都可能依所在的文化區域而傳達出很不同的訊息。

多多注意自己的肢體語言。你外在行為反映的訊息是否自己想傳達的一致？

沉默時刻

開口後要給對方時間回答。人需要時間思考、沉澱想法。不要因為緊張而喋喋不休來填充這段空白，也不要在得到答案前撤回自己的提議。你可能已經思考這件事好一陣子，但對另一方而言是全新想法。讓對方能想出可以匹配上你提議的答案。保持沉默等待需要很強的意志力。不過，閉上嘴巴能讓你擁有更多選擇。

- 默念數到十以上的數字。
- 提醒自己給對方時間思考才是尊重的表現。
- 通話時調為靜音模式（輪到你說話時記得關掉靜音。）
- 打電話時，真的要咬緊牙關、閉上嘴。
- 觀察自己的呼吸調息，專注放鬆並保持冷靜。
- 觀察對方反應和肢體語言。
- 記得，真正等待的時間其實沒有想像中那麼久。

學習自在應對沉默。

尊重對方所說

傾聽對方所說並回答他們想問的，能令人感覺受到尊重。這麼一來，他們也會提供更多資訊，且日後更有意願站在你這邊。

是真是假：別先開口

你有沒有聽人說過，問完問題後先開口的人就輸一半？根據這說法，太早開口說話暗指自己占下風，且感到不安甚至走投無路。實際上，如果雙方都聽從這建議，到時要怎麼收拾局面？難不成一起陷入沉默、大眼瞪小眼？太急著說話確實可能表現心浮氣躁或打斷另一人思緒。一次問一個問題，讓對方有時間思考。如果對方看起來很困惑或沒有聽清楚，重覆問題或換句話說，接著等待對方回應。

特雷伊

特雷伊是名科技業務員，負責接洽貨車託運。他參與一場探勘活動以了解用什麼軟體辦理貨車託運服務。特雷伊詢問：「我們今天要談什麼事務呢？您想解決什麼問題？」客戶講得很明白：「我們只要這軟體做兩件事情：第一，合法行事。第二，確保運送員隨時掌握他們要前往的地點。」

一間競爭廠商做了完整的操作報告，展現給客戶看他們可能錯過的各項強效功能。特雷伊採取不同作法，他說：「我們沒有最先進的軟體，而且價格也不是最便宜的，但我關心對方想要什麼。」他解釋道：「我沒有完整展示九種軟體應用功能，而是賭了一把，把所有功夫花在兩項他們要的解決方案上。」果不其然，傾聽客戶心聲讓他得到回報。如他所說：「我們在八間競爭廠商當中脫穎而出。」這場業務讓他們拿下了連三個月的訂單，也讓特雷伊在銷售額及量上穩坐最佳業務員寶座。

希望別人尊重自己前要先尊重對方。好好傾聽，用心考量對方的意見和顧慮。重視對方的經驗及想法，讓對方感覺到自在。

奈莉

新來的醫療助理雷蒙德和部門主任奈莉會面。雷蒙德注意到她在辦公室的裝飾，花紋窗簾搭配椅子上的毛毯，他也在辦公室裡看到一些盆栽跟鼓舞人心的照片。他問奈莉為什麼辦公室跟其他人這麼不同，奈莉答道：「來諮商的人通常承受巨大壓力。他們來這是想要了解有什麼療程來對抗可怕的診斷結果。我們希望病患能感到自在，這樣才能把所有需要解答的問題都問出口。」

尊重及參與的規則

如果會議中討論激烈，會發現直接提請對方答應時，禮貌、尊敬及信任的重要性更展露無遺。

學習負責主持和協調艱難討論的專家的做法，他們知道辦理會議的祕密，尤其參與人都想主導對話，或彼此出現衝突。

他們會請參與者先界定出他們想得到的結果及行為，才開始進行討論。先協議好一套參與的規則，包含詢問：是否應謹守表定時間？是否已把電話轉靜音？主題是否應保密？大家是否都同意對話內容開誠佈公？

《說到做到》（*On My Honor, I will*）作者蘭迪潘寧頓（Randy

Pennington）表示，在工會中進行多方協調時，都預設每個人顧及自己的最佳利益。他這樣詢問參與的人們：「我們必須要知道哪些資訊，以對資訊分享有什麼想法，好讓這次協調圓滿成功？」

只要大家同意基本的運作原則，大家更可能說話算話並注意自己的行為。協議好嚴格的參與規則能營造安心環境，讓大家能坦誠對話甚至承受激辯。

三位領導人

三名社區行動團體領導人會面，並由一位協調者主持。三位領導人沒有順利溝通合作，而是互不相讓、想爭取到較多關注和支援。

領導人們翻舊帳、互相指責，於是主持人要求他們：「請假裝自己是另外一個團體。接著，請用對自己所屬團體所抱持的熱忱來為新團體發聲。」結果令人嘆為觀止。這些領導人卸下心防後，便找到互相幫助的機會。他們共同提出更遠大的提議，並支持彼此行動，也提升達標的成功率。

《別再哀號！好好推銷！》（*Stop Whining! Start Selling!*）作者傑夫布雷克曼（Jeff Blackman）有個訣竅，他在確認觀眾是否了解自己的講法時不是說：「你們了解嗎？」或「大家有聽懂我在說什麼嗎？」他把明確溝通的義務攬在自己身上，問：「我是否解釋得夠清楚？」

請託時「用字遣詞」很重要。研究顯示，大家還不夠重視使用的言語，這能夠改善關係，並從請託對象取得信任感。說什麼話能表現出自己並沒有抱持惡意或沒占人便宜？要怎樣促進對方放下戒心、聽取你的要求或答應通融？

避免吃交通罰單

有個常見要求是要撤銷交通罰單。〈「大膽去要」研究〉所調查的對象中，33%表示曾成功撤銷罰單（見一四四頁）。如果你是那67%絕對不會要求撤銷罰單，或是開口卻失敗的人，請參考以下特蕾西布朗（Traci Brown）的建議。她是肢體語言專家，著有《說服要點：具有影響力的肢體語言及說話技巧》（*Persuasion Points: Body Language and*

Speech for Influence）一書。

特蕾西說：「免吃罰單的最佳辦法就是守法。次佳方式是在語調態度上展現誠意且認同對方的權威，包含把雙手在方向盤上擺好。」她也建議先等對方開口要求出示證件，接著說：「我的駕照在包包裡，保險證明在副駕駛置物櫃裡，請問我現在可以動手拿嗎？」

恭敬有禮貌而不要帶有攻擊性，這樣最能和執法人員好好合作。其實對其他人也都是這樣。

良善的動機

不要假設每個人都對你很有信心或相信你動機良善。問問對方是否有所疑慮或有多少意願。若能判斷對方潛在的顧慮，就更能處理問題並和人們有良好的互動。要是想知道對方是否覺得你的提議公平、符合他們立場，開口問就對了。

- 我們已經討論了行動步驟，有什麼疑問嗎？
- 根據目前討論的，你覺得接下來這方案可行嗎？

最好能盡早找出信任方面的問題。就算你知道自己心懷好意，對方卻不見得了解。他們可能因過去合作對象不正直而受到不平對待。

做人要正直

你不想要欺騙他人，但因此能占上風的機會卻會真實出現。權力不均等可能使你獲益，或是你握有對方不知道的資訊，可不要害人或壞了別人的生意。

瑟爾維亞

瑟爾維亞負責想辦法從各廠商端節省5％成本。她預想一定會遇到砍價，於是開口要求各單位刪減10％預算。其中兩間廠商沒提出質疑就打了折，四間提議折扣5％，而一間拒絕任何折扣。

瑟爾維亞希望能公平，不想占那兩間爽快打折的廠商便宜。他們經常給她方便且提供優質服務。瑟爾維亞決定最公平的就是每間折扣要一樣。她連絡各廠商，告訴他們每間都要減價7％，這樣讓她青睞的合作廠商知道她不貪心，而且減7％對於提出5％折扣的廠商也不算提升太多。而不願給任何折扣的廠商，則有機會再次考量7％減價提議，或停止合作。瑟爾維亞在老闆面前抬得起頭來，而且多爭取到了2％的費用空間，看來暫時不用再要求減價了。

如果沒有在旁監督，對方會乖乖照辦嗎？他們相信你提供的資訊或會另外核實？如果你不小心在既定協議上出了錯，多數人會說什麼？會說「沒有關係」還是「那可真糟，乖乖照協議來」？對於對方的回覆，你有多少成把握？

潔希

潔希把自己簽好的協議部分寄送給客戶。過了不久，她突然發現寄錯契約，如果客戶按照上頭文字執行會不利於公司。她打電話向客戶說：「非常抱歉，剛才不夠謹慎就寄出契約。那是舊版的，上面用語還沒修正。」潔希深吸了口氣等對方回應，接著客戶答道：「沒事沒事。我們還很納悶，契約怎麼看起來跟之前講的不同。我們現在把它銷毀，你再把新的寄給我們簽就好。」

人人都在看

如果你掌握實權或身居主管職位要特別注意，你各種言行舉止或消極無行動，旁人都看在眼裡。他們看著你待人處世的態度，觀察你是否友善、有度量且可靠。你請人做事時，對方也會考量你的行為。以下失去人心的案例提供反思：

佛萊德與泰德

佛萊德和泰德是間塑料製品廠的主管，他們總愛挑惕屬下動作遲鈍、中間休息、午休。不過，每早十點十五分時，他們十五分鐘在外抽菸的時間卻自行延到二十五分鐘或甚至更久。

詹娜

詹娜看報價表發現帳目有問題。過去幾天她到兩名客戶辦公室拜訪，可是和她搭檔的前輩少報她的時數而算到自己的費用裡。搭檔這行為不道德且還害慘人。客戶因此要多付出不少費用，而詹娜因未報到帳而虧了鐘點費。

公平的工作量

你在職場上有沒有負擔起公平的工作量？他人認為你合群嗎？如果不是，練習幫忙自己份外的事情和職務。例如：幫正在忙的同事接個電話、主動說願意幫忙影印、開門、幫焦頭爛額的同事處理企畫案，或是給他人一些指引。多嘗試主動開口助人。

你能相信誰？

有些人因為他們的身分或地位而更能獲得眾人信任。宗教領袖、醫師、律師、警察、顧問、教師、照護人員、資深醫療照護人員、護理師、金融專家、公務員、消防人員、軍人、食品廠商等通常能受到信任。眾人託付他們經手錢財、保障生命和環境安全、守護心愛的人等，相信他們會做正當的事而賦予他們權力。這些人掌控許多你沒有辦法得知或驗證的事情。

這些受人信任的人要是辜負眾望，或是牽涉無良行為，會引起大眾恐慌，擔心這世界沒有想像和希望中的安全可靠。想看看，你看到媒體頭條報導受敬重的人濫用職權或侵犯他人權益而失職，會有什麼感想。戴夫利博（Dave Lieber）身兼作家、記者，且是全國知名的專欄寫手，他建議和服務廠商合作前先做點背景調查，免得踩到地雷成了冤大頭。戴夫說道：「不要等著他人來保護自己。最好要知道業者會有什麼花招，要有防人之心而特別留意……一定要抱持質疑眼光並進行試探，只要心中覺得不對勁、看到可疑跡象，就要果斷拒絕對方。」

我們要尊重所有人，做事要光明磊落而且不欺暗室。要是遇到道德方面要讓步的情形，問問自己，如果上了媒體頭條會給人什麼觀感，或是法庭上陪審團會怎麼看待你的行為。還有，對於你的提議或決定，要如何和你敬重的人交代？如果他人不能信任你，就沒尊重可言。

重建信任感和尊重的方式

如果你不小心出了紕漏或違反約定，必須要重建信任感。就像實際行動公司（Walk the Talk）董事長艾瑞克哈維（Eric Harvey）所說，在請求信任前要先獲得原諒。

無論是公事私事，首先必須要表現出你認同信任感的重要性。告訴對方：「我了解您已經對我失去信任，我希望能夠重新爭取。」接著問道：「您願不願意給我機會重新取得信任呢？」對方點頭的話，就感謝他們，並且未來也要向對方確認信任感已經順利重建。

公司萬一出錯也要向顧客重新取得信任，必須承認錯誤、請求原諒，並且交代接下來會怎麼善後。在這個數位時代，維持信任感時，可能要即時發布訊息，並於第一時間更新資訊。

引導他人開口

以下幾項活動幫助你更能夠獲得屬下或學員的信任及尊重。

- 開會時，分派不同人員負責計時、彙整報告等職責，增加與會者的參與感。
- 線上活動中，記錄參與成員的參與狀況，並請不太開口說話的人回答問題，避免他們一心多用。
- 提供跟信任及尊重相關的情境題，要求學員練習各情況下怎麼開口提問。
- 檢視你訂的薪酬規劃、編寫內容、條文規範以及各項流程，確保員工不會用鑽漏洞方式來升等、拚業績或爭取更多薪水。
- 請直屬於你的部屬自己訂立一套與會規則，請他人協助在會議期間加以執行。

大膽去要重點回顧

- 開口提問讓你有機會聽對方意見。用心傾聽能展現敬重、培養信任感及獲得更多資訊。
- 了解對方在聯繫時偏好簡訊、電子郵件、電話或面對面。這樣能提升讓對方同意的成功率。
- 如果能夠掌握對方不知道的資訊，就有機會占優勢。
- 握有資訊不表示必須要告訴他人。
- 要有技巧地利用優勢。
- 要對各層級的人抱持同等敬重，就算覺得沒人在看也一樣。要是提問人不體諒對方立場或欠缺禮貌，對方較可能拒絕提議。

考考你

- 問對方喜歡用什麼方式聯繫，例如：「請問打電話或寄電子郵件您會比較方便？」
- 該怎麼做來促進他人更信任及尊重我？

- 我在公私方面哪些事便宜行事，而可能導致我的決策不合倫理？
- 我找什麼藉口會讓其他人不信任我？（合理化自己沒規矩行事，包含「大家都這樣子」、「沒有人知道，也沒有人在意」或「反正差不了多少」。）
- 我的行為符不符合個人誠信，或者只是在討好他人？

放膽提問出擊

- 要保護取得的資訊，就算內容再勁爆也不能洩漏。
- 認真傾聽，不要打斷人說話。
- 這禮拜不管到哪裡都要注意不超速。
- 提早抵達會面或會議現場。
- 無論受到什麼對待或當下承受多大壓力，「請」記得要有禮貌、遵守禮節，並在提出請託時保持尊重的態度，「感謝您」。

成功祕密法寶

我們提供有效會議管理及建立信任感的原則（英文版），請參考www.AskOutrageously.com。

第六章

隨時隨地開口

大家都聽過一個建議：「熟練臻至完美」，或許你還聽過進階版說法：「完美練習臻至完美」。這想法是認為每次都該用正確方式練習來求進步。然而，說到向人開口這件事，完美練習只會阻礙成效，為什麼呢？因為人本身並不完美，不可能變完美，也不可能用完美方式提問，更不可能得到完美成果。要是把功夫下在把提問精修到完美為止，只會讓你不敢提問和練習。說到放膽提問，要時常練習並親自驗證開口請託能帶來斬獲。

膽子不夠大但想提升請託人能力要怎麼辦？要不斷隨時練習，練到有足夠膽識（見圖6）。跨出舒適圈來提出請求，到一個沒人認識的地方好好練習開口。

圖 6　私人事務上，你是否曾經要求……

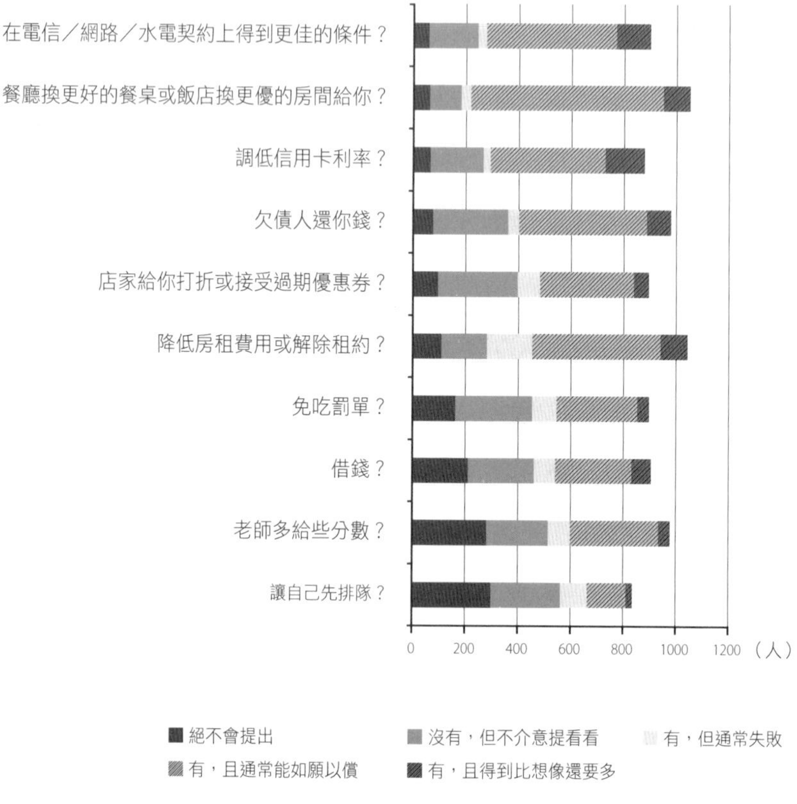

這個策略可以讓你降低提問風險，而且讓你更加習慣整件事。這能夠讓你實際經歷以最小風險來大膽提出請求。譬如在雜貨店，請問其他顧客喜不喜歡正要買的麵包品牌、考考在結帳櫃檯的人員、問有沒有什麼特惠通知，還有請店家員工到後頭倉庫幫你找個商品。

練習目的不是要追求完美，而是實際驗證成果。

不要在雜貨店止步，好好應用這個概念。可以到跳蚤市場、車庫大拍賣、後院大拍賣。一開始可以先試可有可無的商品。如果沒辦法拿到商品，可以要求免費樣品。接著請託時加碼，臉皮要夠厚！了解合理要求範圍在哪，接著開口要求不合理的。要求不加價來拿到超乎常理的服務。要求好得不像話的優惠或超值商品。提出低得要命的價格來要不拿白不拿的商品。出價要低到讓對方根本不放在眼裡。要站穩腳步、面帶微笑，態度和善討喜，接著觀察對方。

吉彌

吉彌到了一間辦公用品專賣店買三個墨水匣，總共價格是一百美金，比預想還要貴。她付帳前請結帳員確認店家網站上的定價。對方在搜尋網站時，吉彌後方出現了排隊的人潮。吉彌在等著確認墨水匣的售價時，又另外提出大膽請求：「請問有沒有什麼優惠券可以用呢？」沒想到，櫃台結帳人員從收銀台裡拿出一張優惠券。吉彌最後離開店家時，獲得三個墨水匣正確定價，還拿到店家優惠，另外得到了墨水匣附贈的組合包照片列印紙。大獲全勝！

小的提問能變成更大的提問，最後成為大膽提問。看自己不斷成長、變得更能勇敢開口。下次你能夠無所畏懼提出金錢相關的要求，接著就能在買房子時向對方殺價，再來很快你就能要求擁有自己的辦公室，甚至是自己的辦公大樓。

舉辦車庫拍賣會，來看其他人向人開口的行為。注意有多少人會提出大膽要求，觀察這些求人高手的看家本領。

和陌生人談話

忘掉父母曾說過什麼陌生人很恐怖、很危險。多利用不認識的人來練習，他們是絕佳對象。反正以後不會再見到，而且他們對你沒有既定的成見。只要是在公共場所，而且對方看起來沒特別帶有威脅，那麼就是適合練習自我發展的好材料。多數人願意給想法或提議，多向他們開口吧。

練習和飯店櫃檯人員、餐廳接待員、服務供應商說話。要求換張更好的桌子、更優質的房間、免費甜點，或是不加價獲得升級服務。練習用恭敬的方式提出請求，好讓他們給你更佳服務。別管以前學校教導我們做人不能貪小便宜或不知足。反正這樣也嚇不倒經驗老到的專業人員，他們隨時都聽到這些請託。觀摩他們怎樣同意或拒絕要求，同時維持與顧客的良好關係。

打斷人

打斷其他應該要給你服務的人。某員工正在和同事聊週末出遊計畫、打簡訊或是裝忙，走向他們、耐心等他們給你注目，接著有禮貌地請求幫助。

「不好意思要打擾您了……」

「很抱歉打擾您工作……」

想想看，只要對方考量到你的立場，你也不會那麼在意被打斷吧。而且你夠資格來客氣打斷他人並提要求。再說，沒有像你的顧客的話，當然他們就沒有工作了。

多多客氣地打斷人。

這時你可能想說：「真的假的？你要我去打擾陌生人，或是麻煩辛苦做事中的人？」對，忍住想要走掉的心態。不管你打斷誰來幫你，仔細觀察他們還有自己的反應。

注意自己打斷他們有什麼感覺。有些人搞得好像你讓他們不能做些「超重要」的工作，譬如在雜貨店購物或把商品上架。客氣地打斷一些員工，他們正在談最近一場豔遇、夢幻美式足球隊或哪個刺青比較好看。打斷他們來問問題吧。哇！真是膽大包天，你怎麼能「打擾」收費來服務你的銷售員？

有人可能看起來手忙腳亂、驚慌失措，甚至翻白眼。這些反應多多少少會有，當作參考就好。如果要他們做好份內工作也不行，是他們自己有問題。接著判斷自己是不是做得太過頭而要道歉，或是可以再進一步提出其他要求。

練習任何請託時，要當客觀中立的觀察者、盡全力管控好情緒。分析哪些要求最容易提出、哪些情形不值得耗費時間心力開口。你在什麼情況下會覺得不自在或想趕快走人？仔細觀察哪些方法能派上用場或沒效。

對家人練習，他們可是最棘手的。斗膽請他們做些事情，例如多分擔些家務事，或是不要跟朋友見面而和你一起去看場電影。如果可以說服自己的家人，那麼說服誰都不是問題了。

在職場上開口

調查回應者表示，在職場上最能輕鬆開口的是請人推薦客戶、延長完成企畫的期限，或是向供應商要求更佳條件（見圖7）。

工作方面能要求什麼？

對於某些人來說，工作場合向人開口的難度遠不如要求私人事務難，你可以：

- 請長期配合的廠商給免費運送服務或優惠。
- 邀新人一同吃午餐。
- 請同事協助。

● 請人對企畫案給意見。
● 問上司能否一起參與通話或現場會議。
● 請人在下次團隊會議中擔任某事項的顧問。
● 請朋友評論你的簡報。
● 爭取實習機會。
● 找人共同參與企畫。
● 爭取參與其他部門活動或接受專案特訓。
● 爭取機會領導團隊或主辦專案的提案。

開口爭取自己喜愛且能夠發揮才能的工作。只要員工工作表現良好，讓員工滿意、高效產出且在職位上如魚得水，正符合老闆的最佳利益。

吉娜

吉娜注意到，公司某部門正要嘗試新製程來在開發中國家取得乾

圖7　公務上，你是否曾經要求……

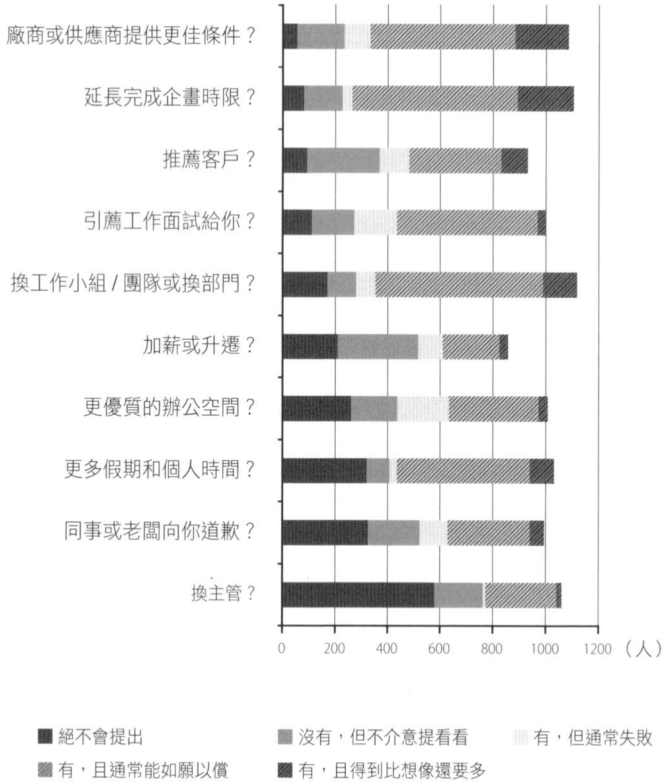

淨水源。雖然這不是她的工作範圍，但她還是找了團隊領導人，並詢問是否也能參與這項專案。

安東尼奧

安東尼奧和主管表示他很喜歡簡報和培訓人員，詢問能不能有更多機會做這類工作。主管注意到他有這意願，便更常在會議上分配他這項職務，而且讓他跟另兩位不太喜歡這工作內容的同事交換演說職責，還主動幫安東尼奧報名參與其他部門培訓。

法蘭克

法蘭克讀了可再生能源探索相關文件後，有意鼓勵他任職的製造業公司投資綠色能源。法蘭克在網路上做更深入的研究，並參加一些線上社群，也把這個想法講給公司設計及研發團隊的主管聽。主管同意資助一項前瞻計畫來探索三項產品，評估是否能開發綠色替代能源市場。

開口請託要聚焦

一場研討會上，我們請到三位前景看好的建造業主管參與為期一週的公私事「大膽索求」實行活動。雖然這要跨出舒適圈，但請託內容也不是強人所難。他們集中精力要求自己想要的事物。接著請託內容變得更遠大且提出次數更頻繁。只要能針對自己所尋求的事物好好開口，就夠隨時隨地取得突破。

曼蒂

曼蒂於公於私都開口提出請託。在一個週五，她回報：「首先，我請顧客寄給我一直被他擱著的契約變更書，這樣我才能在這個月報帳，對方給我了。接著，我和我家愛犬的獸醫說，看在我一直是優質好顧客也固定付費的份上，能不能不收那次的看診費，他也答應了。最後，我請一位分包廠商降低訂單異動的手續費，讓我能給客戶更優惠的服務。成交！」

夏倫

夏倫也回報了自己的收穫：「近期我們要將新科技推廣給區域主管，但現在還在用紙本。為了減少用紙，我問能不能建立電子表格。『好！』主持人起初提出預期一年達成計畫，時限本身滿合理的，我又問能不能改在六個月內完成，主管也答應了！我的未婚夫也答應，只要在預算內找到我要的婚戒，我們就可以買下它。」

布萊恩

布萊恩有類似成果：「首先我請客戶把專案時限延長兩個禮拜。我以為對方會拒絕，萬萬沒想到他接受能延長一個禮拜。另外，我在處理一筆兩萬美金的尾款，已經以電子郵件催促下游廠商好幾個月了，於是我決定親自和負責人見面討論這狀況。開完會並解釋問題後，對方就答應了！」布萊恩生活中也提出請求：「我問老婆準備好迎接第三胎嗎？沒想到她回說好……」

如果跟他人合作並互相支持，能成就什麼事呢？當團隊擁有足夠幹勁，就可以想出更創新的點子，這些點子能節省時間和金錢，也可以減少你的麻煩。以下提供個別團隊成員同時爭取進展的成果。

- 經由開口，我們提高交貨次數，有時能提早一個禮拜（成長率50%。）
- 我們要求並執行的一項構想，讓我們每年省下九萬美元。
- 我們請製造商無償提供儀器、安全設施以及說明文件來培訓員工。現在我們受訓人員可以體驗到真實的設備和必須流程。
- 我們為明年會議成功要到了總價五千美元的餐飲優惠。

開口拉生意

研究當中，最多職場相關要求是請現有客戶提供更多的業務機會。66%的人回覆，他們請客戶推薦一筆客戶資料，且甚至得到了不止一筆（見一五二頁）。

連絡你現在的客戶，向他們要更多業務機會吧。底下提供請託講法的參考範例：

- 和您合作真的相當愉快，請問有沒有其他專案可以再聯手合作呢？
- 看來我們近期有不少成果，您看接下來一年還有什麼發展機會呢？

也可以請客戶推薦新客戶：

- 您真是敝公司的絕佳合作對象。請問您是否認識類似的人可能需要我們的服務？
- 我注意到您似乎跟我們一直想合作的對象有往來。請問能不能幫忙寄封電子郵件，引薦我們給XYZ公司的連絡人，並告訴他們您對我們服務的評價？

不管別人多青睞你，除非你開口，他們都可能忘記要出手幫忙。這並不是狂妄自大或自我吹噓，而是讓其他人了解你提供的服務和產品。視情況請人幫忙牽線，能提供好服務給更多人。

招攬生意

大家所受到的教育都說人不應自吹自擂，那要怎麼讓人知道你很不錯？以下供參考：

- 誠實交待背景以及實際提供過的方案。
- 撰寫案例研究，說明真實遇到的問題及你們公司做何處理。
- 請滿意的客戶提供口碑見證，並在取得同意後放到行銷資料和宣傳網站中。
- 分享你在同業中有什麼過人之處（例如：時間、品質、價格、客戶關注）。潛在客戶想知道各家差異好選出最佳對象。

塔瑪拉

塔瑪拉是名商務指導員，她希望能有更多發表演說的工作，請教在哥倫比亞及維吉尼亞區社群其他指導員如何獲得機會。她在幾個社群媒體群組裡請益，最後到白宮和其他好幾個聯邦機構研討會上發表。

我大膽提出、連絡兩位去年沒什麼接觸的客戶。我們成功對話，討論今年接下來他們有哪些地方可能需要支援。

向合作愉快的對象拉生意或請他們推薦人，這樣表示你有餘裕接洽更多客戶或其他類的工作。要求更多業務機會，同時展現專業並維持品質，讓你檔期不間斷，並對未來工作機會維持最佳狀態。

> 心中有所疑問，就要提出問題。
> ——律師暨調解員機構（Attorney-Mediators Institute）

說出口的好處

發問後保持沉默效果強大，但該說話時，三緘其口就太消極。舉例來說，客戶要你調降原合理費用且說不出什麼道理，這時你可以問問自己想把時間投注在哪：「我真的要把寶貴時間給人，但得利的那方卻拿不出經費給我？或我較想把時間貢獻給同樣付不起費用，但我感到熱衷的非營利組織？」保持靜默可能讓你少賺到錢，還有讓你事後懊悔當初沒開口。

面試工作時提問

備感壓力的工作面試過程當中，要專注於求取自己想要的。研究回應者表示，他們覺得受雇用前就該要求更高薪酬、搬遷費用、更多假期或更優待的福利。他們後悔沒有好好打探這些機會，或好好準備在面談時提出要求。愛立信集團（Ericsson）併購人力部門主管金吉雪海默（Ginger Shelhimer）提出精闢建議：

談薪水時要做好準備。開口前做好功課，才知道業界價格落在哪裡。接著要求適合自己的薪水，讓你和雇主都能雙贏。你得到工作，雇主則是能網羅到想要的人才。

以特定薪資受雇之後，未來很可能非常氣餒，發現公司新人賺得比你多或得到更佳福利。要是當初開口，就是你的。

在做直屬部下業績回顧時，我注意到他們賺的錢比我還要多。他們沒有我的專業知識、經驗和職責。我向老闆出示這些文件後，他就幫我調薪。但要是我沒發現其中差距並開口，這事就不了了之。

加薪及升遷

一般人不敢開口要錢，特別是要求加薪。〈「大膽去要」研究〉中，10%的人表示從來不會要求加薪（見一五二頁），甚至有人寧願找份新工作，也不敢要求在當前工作加薪或升職。

- 要求加薪聽起來就像威脅老闆沒要到薪水就要走人，就像發布最後警告。
- 如果公司正好要裁員，工作可能就會不保。
- 這麼做很危險，老闆可能自己最近也沒有加薪。
- 多數老闆沒有加薪決策權。

● 企業循環階段而言，現在不是開口要求的好時機，要求加薪也是徒勞無功。

好消息！其實機會是站在你這邊。要求加薪人成功人數高於失敗人數。來看看我們〈「大膽去要」研究〉的數據：

● 17%回應者要求加薪失敗。
● 40%回應成功獲得加薪，另有8%的人獲得的加薪幅度比預計大。

根據本研究，大家提加薪前會做的三件事如下（依序）：

1. 找出應先做什麼才會受採納再行動。
2. 上網或想辦法研究業界職位的薪資水平。
3. 請自己認識的主管提供建議。

無論想找工作或希望能升等，或想要聘請專業人士，可以看看網路上張貼的文章跟評比。其他人對你們單位的評價，可能讓你受寵若驚或相當震驚。

聽到對方答應要做好準備

老闆可能不知道你關切對某件事，或他也不知情。無論如何，要求的不要太保守，否則對方欣然同意反而虧到自己。

那天下午，我和主管見面並要求先前核准的加薪，他就讓我加薪了，而且他還真的不知道我目前還沒調薪。

我問能否申請一項工作，主管表示我在當前職位待得不夠久，還沒有累積足夠經驗，但他答應開個特例。雖然我只待九個月，而且沒有大學學歷，但我還是取得升遷機會，而且後續繼續升等。

你提請後，主管可能要為你向高層申請。你可以在公務上提供正當理由並證明能力，讓他們更好向上級開口。

準備好聽對方說不

經理就像其他人一樣，剛聽到加薪等想法必須要沉澱、思考一下。這件事你可能放在心上幾個月了，但這要求對他們來說是新想法。有時可能遇到老闆說要幫你加薪，但後來沒加或沒有辦法加。但開口的話，至少能知道自己所處的狀態，就算情況不太看好，可以申請轉調或另找機會。

要加薪當然可以。首先你要先通過這五十道關卡，還要申附相關文件來佐證你的準備、未來評估和成果……如果所有回覆我都滿意，那可以考慮呈報給上司，然後再決定你是否能加薪或無法……還沒完，我能要求你這整個流程要做五遍，到時你覺得太累、受夠了，最後就會自己打消念頭。

知道遭拒時要採取的策略

譬如你可能說：「謝謝您提供的意見／我理解公司目前的財務狀況。請問接下來要怎麼做才有機會爭取升職或加薪？」接著依照所找出的方向去努力求取好表現。

迪爾特利

迪爾特利想了解未來發展領域來加強未來升遷所需的實力。他上司不想潑他冷水，或是畫出不切實際的大餅。迪爾特利問道：「我知道目前可能沒有開放職位，但我想先預先做好準備。請問您考量相關人員及升等人員表現時，您建議我主要應在哪些方面多加強呢？」

評估自己將來能帶給公司什麼好處

好好上班、做好份內工作是應該的。記得要成為能為公司加分的人，要上進且成為同事的助力。評估自己要怎麼增加公司收益、改善流程或降低成本。要求加薪或升職前，切實將自己對公司的貢獻及價值列出。把你有用的貢獻講出來，不用怕。

我工作剛升等，但人資部門不想使用我提的頭銜。我決定再次開口，這次我解釋了我的想法，請託奏效了。雖然沒增加實質收入，但心理獲得的感受難以比擬。

建立個「人人愛我」檔案，搜集他人給的紙本及電子郵件肯定你做的事。準備請老闆幫你加薪或升職，或是需要加強動力時，拿來回顧自己的成就和所受的肯定。向自己證明能創造價值，讓提出請求時更有自信。問問自己：「如果有人做了我所做的事，我要對他說哪些話？」你應該會很驚豔。別推辭，你名譽好、兌現承諾、成就輝煌。就算請求沒獲准，現在鋪陳的路將來能有預料外的效果。

瑪格麗特

在一場全國銷售會議上，瑪格麗特大膽邀請一位高層長官到她的負責區域和客戶談話。瑪格麗特說道：「我的客戶是醫院系統採購部主管。這個系統其實不大，算不上國家級，但這對我這區的企業而言相當重要。他們使用較低成本的產品，不打算使用我們收費較高的產品。」這位高階長官確實現身。客戶非常驚豔，沒想到高階人員親訪他們醫院。「最終還是沒讓他們換用我們牌子。但是，我證明自己的產品知識及銷售技巧，把握難得機會令人留下深刻印象。到了我的業績回顧時，我在高價位產品銷售額表現不夠亮眼，不過我很滿意自己的表現。而且，我知道生意沒被競爭對手搶走，我很高興自己有開口！」

放眼未來

你過去所做的事已經獲得了薪資報酬。一直重溫過去成就不是未來的重點，注意力要放在接下來一年能帶來的解決方案。記得給予輔助資訊，好讓上司能向上級、人資部或其他主管「推銷」或合理解釋為什麼要幫你加薪。

婕米

婕米是名彩妝師，她過去幾個禮拜在思考店家怎樣能將化妝品銷售給年輕客群，並且擬定了書面企畫書來寫下構想細節。店長沒有直接和她討論構想，而是把企畫書放在抽屜裡面「再考慮」。婕米覺得氣餒，感覺自己的想法沒受到重視，她在離開前向對方釐清。

「我注意到您將我的企畫書收進抽屜，請問怎麼了嗎？」

店長說道：「婕米，公司最近面臨了些稅務問題。在禮拜五前我都還沒辦法仔細去看你的企畫內容。」這下就婕米了解這件事受拖延跟她無關，她回應：「謝謝您說明這點。要不要下週二我來上班時，我們再來討論看看呢？」

先發問人

做好準備，深吸口氣，把話問出來！不要怕被拒絕或覺得沒有準備好完美的言詞而止步。你上司可能誤以為你對現在薪水或職位已經心滿意足。你該做的是讓他知道你想要更多薪酬或晉升機會，而且你願意為了增加的薪水或職位多加付出。

有時候你已經完成一些工作職責，但沒獲得應有報酬或沒受到正式的表揚。

談到誰有領導之實但無主管之名，同事紛紛指向我。聽他們這樣說之前，我還沒察覺自己有領導風範。我申請開放的領導職位，接著得到兩次升遷。六個月內我從原本二十幾年資歷的前線人員升格為部門經理。

你要對自己的職涯負起責任。沒人會像你一樣關切你的事業、家庭和經濟狀況，絕對沒有。如果工作表現優良卻沒讓你得要理想職位，這時候就該專注於求取自己想要的。想要加薪或升遷，說出口吧！

向人開口的好處

清楚要求自己所想要的有一項好處，就是能吸引更多你珍視的事物。只要開始為自己提出要求，其他人通常會來從旁支持。他們知道你想要些什麼且看重你，便會使盡渾身解數來幫你達成目標。

沒人要你承擔被炒魷魚的風險、賭上終身存款，甚至冒死嘗試。

先從簡單而安全的事情著手。運氣確實影響請求，而越能放膽索求，就會發現自己變得「更幸運」。就好像在拉斯維加斯，也要先下賭注，才有可能贏得獎金。記得要隨時隨地開口。

引導他人開口

引導下屬和學員這禮拜全力放膽索求並回報成果。將部下或團隊分為三人責任小組來辦場比賽。看看誰能以最優惠價格獲得最高報酬或最有創意。

請他們告訴你要怎樣為公司創造價值。要他們依序列出主要職位及活動，接著講出如何更有貢獻。

大膽去要重點回顧

- 開始多注意自己所聽到的答案。
- 練習好好傳達自己的目標，讓他人能了解你這樣做的道理。練習提問時要為他人需求設想。

- 練習問得更多，會發現自己經歷一些寶貴的經驗。
- 聽到對方說不能感到自在，並接納這項事實。
- 要習慣「不」這個字。如果你還沒聽到別人說不，很可能是你向人要的還不夠。一直問，問到有人說不為止。
- 建立你個人功績的資料夾，用你過去的成果來支持對未來機會的請求。

考考你

- 「能請誰幫我找一項物品或是協助我？」
- 「要怎麼要求優秀的合作對象推薦其他部門的人給我？」
- 「當我提到正在處理新企畫書時，同事扮了個鬼臉，這是怎麼回事呢？」
- 「我要如何展現自己對組織的價值所在？」

放膽提問出擊

- 練習有禮貌地打擾人，還有要客氣地「打破規則」。
- 請問能不能用過期的優惠券或是給折扣。
- 開口要免費點心、升級方案，或換到更好的桌子。
- 請其他消費者提供購物意見或問陌生人資訊。請銷售員幫忙拿你想要但找不到的東西。

成功祕密法寶

請到 www.AskOutrageously.com 下載〈職場可要求事項清單〉（英文版）。

提出請託易造成負面心理壓力。開口前常會感受腎上腺素爆發，感覺就像正要在群眾面前演說而緊張萬分。情緒湧上心頭時，大腦會讓腎上腺體製造更多腎上腺素，要是沒為這種爆發力量預備，可能會讓你失控。

內外在壓力、甚至要說出口的預備心理，可能影響你處理資訊或溝通的過程。你應該為最糟情況做準備，並抱持最佳希望，接著告訴自己要保持冷靜。這種化學物質激增帶來的感受真實存在，只要正常釋放抒發就能帶來效益。腎上腺素暴增讓你增加額外能量、更有警覺。要開口提出事關重大的事情時，大家都想要擁有更多能量和警覺心，對吧？

擊潰

除了興奮感，你是不是曾感受到某種預期心理、挫折感或壓力讓你負荷過大，甚至把人壓垮？你承受了過大壓力，沒辦法想出下一步該怎麼做，而接下來要做的決策讓你負荷不來。你心知不管提出什麼都會影響到下個決策、下下個決策等等。眼看著時間一分一秒過去，還不知道要從哪裡開始下手，還是無法決定怎樣繼續。你有意願提出請託，但不知要向誰開口或要說什麼。你心跳加速、心如亂麻、胸口鬱悶、胃部絞痛、腦袋咚咚響，一切都變得荒謬難解。

在保持冷靜並理性思考的情況下（譬如出國旅遊，心頭感到放鬆），所謂「戰鬥或逃跑」的直覺機制可能在你身上出現。然而，你現在情緒非常亢奮，甚至過了頭。這情況下，唯一讓人感到「合理」的字詞就是「不合理」。然而，梅爾懷特赫斯特（Mel Whitehurst）提醒我們：「恐懼是很好的刺激，甚至是最佳刺激。些微恐懼感經常能帶來最佳效率。」

小總結：腎上腺素和恐懼感能帶來益處。抱持懷疑或不知所措時，隨時可稍微停一停、喘口氣，思考並發問。要是想不到要問什麼問題，可以參考以下ＡＳＫ開口密技。

ＡＳＫ開口密技

這裡提供策略輔助你分析情勢、有效溝通。這套方法讓你處理多數請託、出乎意料的情形，包含最艱難的狀況。

Ａ（aware）：意識
Ｓ（seek）：釐清狀況
Ｋ（know）：了解最佳行動

壓力大時就可以利用ＡＳＫ開口密技。要先充分理解狀況並冷靜下來，才能有邏輯地討論事情或取得雙方共識。情緒和反應可能害你沒辦法清楚客觀思考。別讓情緒控制自己，要把情緒當作是種信號來多加注意，並把專注力放在接下來要提的問題上。

A：意識。要意識到當下的情形。首先問問自己幾個問題：透過他人言行舉止、態度表現、語調動作可看出什麼狀況？你自己呢？你在此時此刻察覺到什麼？

承受壓力時，注意自己身體有什麼反應。你注意到哪些事情？譬如，是不是呼吸太淺薄或換氣太頻繁。這樣的話，邊數數邊吸吐氣來放慢速度。雙眼是不是泛淚或沒辦法聚焦？那麼注意身旁環境，例如把注意力集中在椅子上的布料纖維、牆壁顏色還有地板材質。

S：釐清狀況。尋找靈感或理解狀況。覺得自己好像遺漏掉事情的來龍去脈，或不太確定討論內容，用「什麼」還有「怎麼」發問來釐清狀況。

好好感受當下

注意壓力對你造成什麼影響，並更熟練處理技巧來掌控狀況。注意自己的心律、思緒、呼吸調息以及身體感受。這是第一步。

承受壓力時，詢問問題，且不帶情緒地重複他人所說的，接著問：「我這樣理解正確嗎？」或「我這個說法對不對？」字詞有不同定義和理解方式。為了進一步釐清內容，可以要求對方舉些例子：「您可否給個這行為的例子？」或是「您是否可描述剛所說的＿＿＿呢？」

維持眼神接觸，但必要時做筆記。盡量保持客觀，不要覺得對方說的太針對自己。如果記筆記受到質疑，可以說：「您的評論對我來說非常重要。我想確保自己能夠正確記下再回應。」

在釐清的過程中，同時也把想問自己的問題記下來。

透徹了解恐懼感

你可能聽過說：「恐懼是似是而非的證據。」（Fear: false evidence appearing real）你有沒注意到，自己煩惱的事很多其實都沒發生？而且萬一有特殊狀況，也沒辦法事前做好預備。要處理煩惱和疑慮，可以把這些事情寫下來，或講給另一人聽，請對方按照你表達的方式寫下來。都記好後問：

- 我真正的疑慮是什麼？
- 我有哪些選擇？（通常選擇有兩種以上。）
- 我目前選擇什麼？
- 我什麼時候會回頭思考這項決策？
- 最糟的情況會如何、我是否能夠接受？

把疑慮用白紙黑字寫下來，更能思考怎麼做。並不是「被迫」怎麼做，而是在「此時此刻」你要「選擇」什麼。獨立來看每項疑慮，決定是不是要立即處理的重要事情、還是能從長計議，又或是想拋下不管。（記得，如果你做了某項決策卻很不喜歡成果，通常還有別的策略能選。）

K：了解最佳行動。對於面臨狀況及手邊取得的資訊，必須要了解「接下來」該怎麼做、了解最佳提議是什麼。不用掌握所有細節，只要知道下一步驟。如果不知道接下來該怎麼做，提出更多問題來幫助釐清。

承受壓力時，要知道以現在來說什麼要求最為適當。是否要問問題來釐清誤會？是要開口並依所得資訊判斷有哪些方案可選？還是說最佳要求是暫停一下？

暫停一下

你是否曾聽到請求後，驚訝到一時無言以對？不用覺得非立刻回應新資訊不可，休息片刻來構思想法或怎麼回應，可以建議休息一下，特別是情緒上來時，讓對方整頓思緒或調整狀態。

無論是要重新統整及思考新資訊、尋求資訊或喘口氣，都可以喊停。暫停一下來處理資訊，不要急著回應。請對方暫停一下。請求暫時休息一會後，把時間用來做個伸展、稍微出外走動、上個洗手間、喝杯水，還有好好呼吸新鮮空氣。請對方給你時間，並用來調整自己的狀況和整理思緒。

- 看來我們目前到一個段落可以先休息一會兒。明早再繼續談方便嗎？
- 我需要稍作休息。十分鐘後再回這邊見面好嗎？
- 謝謝您提這件事讓我注意。我也想像您一樣好好深思熟慮再回應討論。是否方便明天下午三點再來談？這樣我能先好好注意一下您所說的。
- 從您的語氣看來，這件事情要空出時間來專注討論。您是否可在下午三點再過來？

有時雙方需要的只是暫時離場。但往往不如你所想像的頻繁。

遠離愛抱怨的人

找出大家共同遇到的難題，能讓人感到寬慰或知道自己不是孤單一人。從同樣面對困難與挑戰的人，聽取可行方針好處多多。另外，遇到問題時可以相互扶持，一起想辦法面對。

禍不單行總愛相隨，但大忙人可不愛被尾隨。

留心常抱怨卻不想辦法解決的人。通常他們會向你尋求意見，但不會真正去執行。這些充滿負能量的人很愛找藉口，而且會建構好理由來解釋他們為什麼一副受害者的樣子，但他們不會真的採取行動和想辦法解決。這種負面態度會感染人而且沒什麼用處。

受規範不敢開口

你是否受人規範要你別開口索求？這樣的話，你從小到大八成聽慣了：

- 照我說的做，別問這麼多。
- 做人不要太貪心，夠用就好。
- 需要你提意見時我自己會講。
- 不要再問東問西，做就對了。
- 你問為什麼？因為我說了算。

乖乖聽話、努力做事，待人和善、好好排隊，還有不要問太多。維持和諧、不要質疑權威才能獲得獎賞。要知足常樂、按照指示做事情，這樣才能獲選好人好事獎、討喜模範生或溫良恭儉小姐獎。

我們面臨的一些文化階層分化很明顯。只要老闆參與會議，掌握資訊或解決方式的人員常不會主動透漏。必須要指名請他回答問題才會鬆口。

或許你身處的文化教人抗拒提問或踏出舒適圈。這麼一來你可能受鼓吹：

- 無論如何要顧全面子。
- 優先考量他人需求，自己的擺後面。
- 守秩序、守規則。
- 小孩子有耳無嘴，不要亂說話。
- 不可打斷長輩。
- 不能引起風波，要尊重傳統。
- 顧全家族名聲，別讓家族蒙羞。

以上可能使用宗教信仰名義。多數宗教強調謙卑，獎勵溫順刻苦的人，要耐心等待、切勿起貪念，而且要相信自己的需求總會受到照顧、遇到逆境總是能找到出路。

你受的教育背景是不是也有類似教條？令人感到驚訝的是，許多要求這些事的源頭（家人、文化、學校、宗教等等）提出自相矛盾的正面建議，而鼓勵人說出口。舉例來說，「要是自己不吭聲，誰來幫你講？」「沒問看看你哪裡會知道？」以及「有異議請現在提出，否則以後絕口別再提。」

如果沒能提出要求，問問自己：「我遇到什麼障礙？接著能不能用其他方式表達我相信的價值，並發揮效果？」

許多宗教鼓勵人提出請求

許多宗教經文以及信仰教條常鼓勵人提問。例如佛教禪宗的中心思想是一門關於提出問題、追求真理的奧義。伊斯蘭教教導：「我們要毫不猶豫、鍥而不捨地請託阿拉真神……因為這樣才能夠接近祂。」

猶太教鼓勵年輕人向長者提問請益。譬如在逾越節晚餐（Passover Seder）閱讀的哈卡達經書，要提出四大問題來重述猶太人出埃及的故事。新約聖經上，有許多章節提到要提問才能接受訊息，包含A、S、K三項。提問（Ask）、索求（Seek）、叩門（Knock）：「你們祈求，就給你們；尋找，就尋見；叩門，就給你們開門。」《馬太福音．第7章第7-8節》

排除障礙

許多信念和行為用意在於保護幼孩或少年，但現在可能會阻礙你提出請求。這些故步自封的想法不見得適用你現在的生活。這些想法已不再有用處，但你可能無意識地阻礙了自己的行動、不敢開口要。

我心中搞破壞的惡魔說我不配。

自我設限的想法和行為，未經妥善處理會不斷擴大，並成為自我設限的現實。你其實有所選擇。你可以等待自己成長後超越這些藩籬，或能用攻堅策略來盡速處理。如同作家寫作會遇到瓶頸，提問的瓶頸也會讓你進退維谷或只想到負面選擇。

瓶頸不會在察覺後自動消失

大家可能看過他人評道：「我沒有開口障礙。」知道別人能不假思索發問，可能只讓自己更挫敗難受。光是體認自己遇到阻礙，不等於就能加以排除。下面情況也是：

- 嚴厲反省自己欠缺邏輯。
- 告訴自己聰明人不會阻擋自己成功。
- 拿自己和其他人做比較。
- 心想：「好啦，情況也還不是最糟的……」

你可沒閒情逸致來自我打擊。

不好意思喔，自我打擊實在毫無用處。聰明人認為能透過學習、取得更多資訊來解決自己的索求障礙。成就高的人自認該知道如何提出要求或用特定方法行事，令人備感壓力。此外，要是你領薪水來解決問題或下決策，可能會問自己：「要是我連自己的問題都沒有辦法解決，別人怎麼願意為我提出的見解和想法買帳？」量子躍升大學（Quantum Leap University）理事長雪莉布賓頓（Sherry Buffington）解釋道，這樣下去只會讓人更加氣餒，而阻礙卻是不動如山或甚至更堅不可摧。

每當自我限制的想法出現阻礙你前進，都是有意義的考驗。除非你了解這點並找到更健全的方式來克服，不管做什麼都無濟於事。就算渴望再強烈、付出再壯烈，要是你心底仍存在一股反面力量想固守自限思維，便難以排除障礙。

只要有意改變作法、承擔短時間忐忑不安的風險來去除或應對阻礙，便能大幅提升長期成果。不要忽視恐懼感或抱持消極態度，而是要用ASK開口密技。

意識：

「我在＿＿＿＿＿方面感到壓力。」

「我在＿＿＿＿＿方面停滯不前。」

釐清狀況：

「我有什麼選擇？」

「最糟的情況是什麼？」

「我是怎麼阻礙自我的？」

了解最佳行動：

「綜合目前所知，現在做什麼最合理？」

「求人高手會怎麼做？」

「要是非成功不可，我會提出哪些大膽請求？」

過往帶來的恐懼感

不敢提問可能是因為以前有些不好經驗。你沒把精力放在「現在」所遇到的「另一次」挑戰，而是沉浸於過去的錯誤，而且逃避類似情況。正常人都希望自己不要重蹈覆轍。

你能選擇活在過去，或讓過去的就過去。好好接受，別讓往事將你撕裂。

克服過去

不要一直沉湎過去所犯的錯。人無完人，這是件好事，因為完美的人一點意思都沒有，記得：

- 沒意料到的事情，縱使有不好的，也會有美好的。
- 多數錯誤可以補救。上一場劫難你不就度過了？
- 你從過去學到了經驗。如果犯了錯，「現在」能採取哪些「當初」不知道的行動？

過去犯了錯或要求遭拒絕，放下吧。現在又是嶄新的開始，將要打交道的人才不知道你五年前犯了什麼錯。現在拿出全力提出請託並適時調整。

費蘿

費蘿從小在功能不全的家庭長大。爸爸經常不在家，媽媽則是有情緒困擾。費蘿十二歲時就承擔了許多責任，包含烹飪、買東西、打理家務以及照顧年幼的弟弟妹妹。雖然生活艱困，費蘿成績優異且獲得大學獎學金，還取得難得的主管職位。有次費蘿注意到自己遲疑而沒好好要求員工紀律，於是問自己：「我有什麼好退縮的？雖然情況不是很順利，但我已經長大了。這不是小時候遇到的慘況。身為主管，我要員工知道他的表現有損團隊。他或許不愛聽這些，但他必須想辦法改進，免得狀況越來越糟，並危害到他的職位。」

擺脫腦中沒用的垃圾思想。

突破的證明

你有沒有注意到自己的舊思想現在已改變？這些突破證明你能克

服自我設限的想法和行為。

要是十五年前的我，大概會回答我不想要丟人現眼。但事隔十五年，已經來到三十五歲，我不再有那種困擾。我很高興自己不再年輕不懂事，已經有更多智慧，而且體悟到要是希望事情轉變，我提出的要求就是合情合理的。

引導他人開口

主管、指導或培訓人員知道如果要擁有高績效，不能只仰賴提供適當訓練和工具，還要加強人解決問題的能力，並能專心一志，克服心中擾亂人的心魔。好好討論這些障礙。

我們在 www.AskOutrageously.com 網站提供了學習單（英文版），可用來和屬下及學員一起檢視他們遇到的阻礙。

大膽去要重點回顧

遇到提問瓶頸會找不到出口，就像作家遇到寫作瓶頸無法繼續動筆。找出自己遇到的阻礙，接著集中注意力來判斷這些思想和行為給了什麼限制。

- 準備開口提問時，緊張害怕都是正常反應。這讓你對自己的行為聚精會神，好好運用這點。
- 討論時遇到困難而不確定怎麼做時，多運用ASK開口密技。
- 高成就的人將壓力內化來找出各種答案。別讓這阻力讓你不敢開口。
- 提出請求時，克制自己別想著過去遭拒的負面經驗。而是要把注意力放在此時此刻面臨的挑戰。
- 養成好習慣需要磨練。先從最保險的場所開始練習要求，譬如雜貨店、車庫拍賣場、跳蚤市場和餐廳。讓開口成為一種習慣。

考考你

- 我摒棄了哪些舊想法？
- 當感到緊張的時候，要怎麼樣用這股力量來讓我專注？
- 要怎麼樣對當前情況更有意識？
- 問哪些問題能獲得更多資訊？
- 要怎麼提醒自己專心應對下一步最佳請求？

放膽提問出擊

扔掉你的阻礙。把腦中沒營養的東西當垃圾扔掉。拿一小張紙寫下阻礙你的困擾，接著在心裡告訴自己：「這是沒用的垃圾。這些想法或行為或許曾經用上，但以後再也不需要了。」接著，把紙揉成一團，垃圾就要好好丟到垃圾桶裡。未來如果發現自己又告訴自己不行，記得你接著尋求的是嶄新的回應。

成功祕密法寶

要成功解決開口障礙、帶來更強的影響力，也需要好好尋求幫忙。請到 www.AskOutrageously.com 下載〈找出自己的提問障礙〉、〈敲垮阻礙開口的牆〉（英文版），以及網站上工具與資源頁面的說明。

第八章——為他人開口

你可能特別擅長為他人開口，為自己說話反而沒輒。〈「大膽去要」研究〉中三分之二的人表示替人開口比較自在，比如為客戶、某項宗旨、小孩或他們負責照顧的人開口（見一九六頁）。這點並不意外，一般人較容易鼓起勇氣為仰賴自己的人開口。

家庭和教育環境、社群或信仰中心可能約束你要禮讓他人。或許你學到要求自己「本分外的」是種自私表現，甚至是人格上的缺陷。

某些文化鼓勵多察言觀色、謙恭有禮，人便會要求自己妥協、湊合湊合屈就現實、少沒事惹事。為其他人開口時，明明一樣會遇到受拒絕的風險，但不會那麼難受。研究參與者說明了其中原因。

圖8　我替人開口比較自在，比如為客戶、願景、小孩或我照管的人提出請託

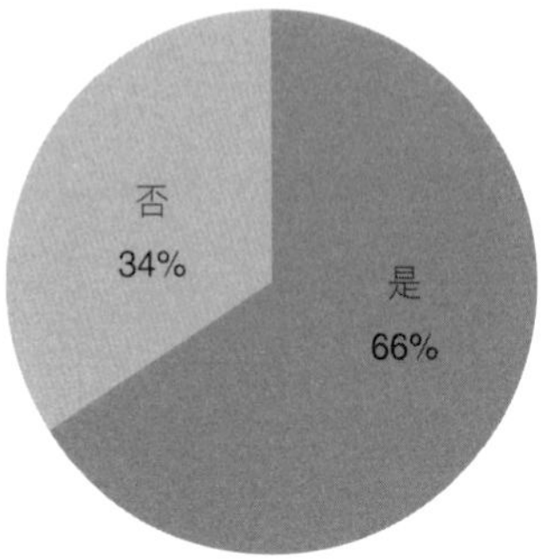

- 支持他人比談論自己來得輕鬆許多。
- 幫別人做事承擔的風險自然低許多。
- 對我沒任何好處的話比較好開口。
- 扶助弱小比較輕鬆。
- 被拒絕比較不會覺得是針對自己或感到失落。
- 為他人開口是無私的行為。如果是為了自己，我不大敢開口要求，覺得自己並沒有足夠的資格。

請注意以上回答聚焦於提問人的感受和觀點，而不是受託的人。研究中其他三分之一的人表示，無論受益的是自己還是別人，都能自在開口請求。也有受訪人說人應該自己開口，並認為受益對象要自己主動請託才行。

- 有能力就該自己負責提問。
- 這些人應該開口，他們自己比我更清楚狀況。
- 學校如果要辦募款活動，應該是小孩子親自打來提議說想買什麼東西。沒打來我就不想出手幫忙，因為他們是真正拿到好處的人。

美國總統甘迺迪曾經說過一句名言：「別要求國家人為你做什麼，要問問自己為國家做什麼。」

自利與自私

要能體悟為自己利益開口，不等於自私或敲詐人是一大挑戰。你只是想盡可能獲得最佳條件，可惜社會上普遍覺得為自己爭取是不對的。

- 其他人會覺得我很貪心。
- 我不想開口，我怕別人覺得我占他們便宜。

銷售方面常見到有人遇到同樣疑慮或障礙。大家都不希望別人覺得自己貪心、找麻煩或愛操控人。覺得自己不配得到更多，因此沒告訴別人自己想要什麼。

為他人開口

抗拒為自己開口索求的話，可以思考這項請託能對他人帶來什麼好處和效益。

- 在班上鼓起勇氣發問，同時能幫助同學理解他們可能不懂的概念。
- 在氣氛凝重的董事會議上，你開口問到的答案常能幫其他成員下重要決策。
- 開口要到自己應得的紅利獎金或加薪，能為家裡爭取更多收入來付帳單，或和家人出外度假。

為他人開口所抱持的熱忱和動力可用來達成自己的要求。再次提醒，本研究多數人（三分之二）表示利他的情況比較好開口。許多人會為小孩子、親人以及自己熱衷的理想做出偉大義舉，能無所畏懼、毫不遲疑地大肆索求。

個別請託

只要是大家真心在意的人或是理想，許多人充滿熱情、無所畏懼。如果行動能完成大我或嘉惠於超越一己的組織，他們便能大膽要求。

帕特

帕特是名商學教授也是一位求人高手。她自願擔任小孩國小家長會義賣會主席，過去五年間每年為義賣會募款以及採購義賣品。帕特是這方面的天生好手，勇於提出要求。她在拍賣會上尋得玩具、遊戲、著色簿，接著請店員提供更優惠的價格，她說：「嗨，我叫帕特。我是達特茅斯小學家長義賣會主席。我注意到貴店有許多每本一美元的著色簿。這些板子也占了你們不少空間，不如我全部包下來，您能否能把價格降到每本五分錢？」

偶爾帕特聽到：「不行，這價格已經殺到不能再低了」或聽到：「十分錢可以嗎？」或「五十分錢可以嗎？」而更常聽到的是：「太好了，那我來幫您裝貨，車子停在哪裡？」

葛羅莉亞

葛羅莉亞是社區非營利組織的成員，他們在當地一間大樓晚上開會。最近管區視察員判斷這棟建築是危樓，會造成大眾安全疑慮。葛蘿莉亞找到一名在社區內擁有其他建築物的企業家，並問他：「知不知道有什麼場所可供夜間開會所用」。這位負責人認識其他可提供場地的人，推薦她向其中的一兩位聯繫。他接著表示對她們組織有興趣。雙方談完後，負責人建議葛羅莉亞可以問非營利委員會是否願意簽署長期契約。如果委員會同意，他能買下這一棟大樓，借用她們組織至少五年以上。當然，葛羅莉亞對企業家的回答和關切十分驚喜。

葛瑞塔

葛瑞塔關切亞洲最近發生的災害。她手邊資金有限，但可以捐助五百美元。於是她向同事開口，找到了其他願意捐錢的人。其中有團隊成員說人資部能辦理公司配比捐贈。經過詢問後，募資幾乎在一夕之間從五百美金加碼到三千美元。

你的提議可以倍數加成。請其他人參與「請資助我」（GoFundMe）和「善心餽贈」（Benevolent）等群募活動，能讓完全不認識的支持你的願景。可利用這些企畫來集資。大膽點，請人來共襄盛舉。

地方動員

社區行動是個好機會來練習請人幫忙抽空出錢出力。而捐助者能欣然知道受益人經過適當評選，且他們的饋贈發揮最大效應。提出一些方法來擴大社區動員。

- 問人是否願意合作參加社區服務企畫，例如社區活化活動，或到當地食物銀行擔任義工。
- 詢問他們是否願意參與掃除計畫，或一起沿街宣導疾病相關知識。
- 請鄰近企業贊助你們的特賣活動。
- 請小型企業老闆提供折價券放入活動禮袋，或捐贈物資給靜態拍賣會。
- 請鄰近企業提供免費服務來贊助某項理想，同時讓他們打出服務事業的知名度。
- 請鄉鎮公務人員參訪你們的鄰里發展活動，親訪後更能引起關切，並讓行政流程更順利。

阿爾提

阿爾提是地方上一間急診服務的行銷及市場開發主任。他想在社區中尋找適合的贊助活動。阿爾提邀請中學啦啦隊來診所開幕式表演。啦啦隊在開幕時，表演打氣活動，並透過當地社區媒體來宣傳新診所。而診所也回饋一筆捐助金，贊助隊伍每年對抗乳癌的粉色T恤活動。

非營利請託

提出請託是基金會和非營利組織的命脈。要是不能銷售或提供服務要怎麼募款？慈善組織每天都會遇到這項難題。除了個人捐款、企業捐助以及申請補助金外，有些有創意的方式能募款，並且回饋福利給捐贈者：

- 使用延時捐贈以協助資產管理，包含遺產、贈予、信託、人壽保險或不動產管理。
- 公司加碼現任或退休員工捐助活動。
- 股票捐贈。
- 實務贈品，例如電腦、設備、家具或航空里程數。
- 醫師大名能夠銘刻在建築物、院子、會議廳或磚牆上。

- 舉辦贈與祭讓組織參與募款。
- 校友捐錢、付出心力參與活動及給予指導、提供場地。

梅拉妮楚兒希爾斯（Mellanie True Hills）是心室震顫防治組織（Stop.Afib.org）和女性健康基金會（American Foundation for Women's Health）兩個組織的創始人兼執行長，她提供以下建議：

提出資金請託時，盡可能向對方了解流程及組織的優先要務，但同時也要體諒對方不見得能透露資訊，尤其是受嚴格管控的場域。如果你認識在組織裡或對業界補助申請有相關經驗的人，可以和他們合作來提高成功率。

誠信致勝

想看看你為自己開口的同時能給誰好處。大家都希望自己所做的事能擴及到超越個人的程度。希望能以自己的舉止為榮，並對世界帶來正面影響。如果各方都能得勝，而且維持高標準和誠信原則，就是我們所說的「誠信致勝」。

誠信致勝適用於員工、老闆、客戶和青少年。大家幫忙建立或打造方案，而認為這對自己信任的人是「正當」的事，方案更能持續長久並獲得迴響。組織營運秉持誠信致勝的原則，也能為社會或全世界帶來效益。

我們能一起用對的方式取勝。
——惠普企業員工價值主張

公司在社會上投資越多，越多的顧客和員工願意投資這間公司。星巴克、品木宣言（Origins）、全食超市（Whole Foods）等企業都讓顧客多付錢來幫助他人。他們能同時營利、吸引並留住員工。

提姆

提姆和太太愛麗絲共創了善心事業基金會（The Business of Good Foundation），這是間非營利組織，和其他非營利組織分享事業相關知識。提姆請其他組織參與合作，給予資助並提供扶弱濟貧最佳策略。而這些企業也能反過頭學習如何透過非營利組織來擴展社會影響力。

善心事業資金會的總裁提姆麥卡錫（Tim McCarthy）表示：「提出請託能帶來良性循環。我們餐飲企業獲得社會支持的力量，而我們也因善舉而聞名，讓我們事業更蓬勃發展。」

開口助人

你可能有聽過有些人會日行一善，他們為善不欲人知，例如買咖啡請排在後面的人，送花給弱勢者，又或是在儀表板上放點錢，幫人度過罰單問題。這些好心人主動助人，出奇地為人帶來美好愉快的一天。

所謂開口助人也非常類似，但沒匿名而是有意與人連絡。你可能有這樣助人過，但沒有發覺效果有多大。開口時讓對方能維持尊嚴，決定你怎麼提供協助，因此能增加他們所受的福利。

你有意識到自己影響力多大嗎？

貝蒂葛雷克（Betty Garrett）是《混亂中取得控制：癌症照護者生存守則》（*From Chaos to Control: A Survival Guide for the Cancer Caregiver*）一書的作者。她說要是你或親人生病，其他人願意伸出援手，但他們不清楚你們需要什麼。她建議表列清單，當他人問要怎麼幫忙時能提供給對方。「其他人想幫忙，但不知道怎麼開口。」

練習開口助人

開口提問能夠改善人的生活。每次向人開口而對方接受好意的回報，便是最好的證據。這些付出展現你有能力透過小小提問來發揮影響力，且更重要的是，你會感激自己有能力幫助他人。

- 問正在排隊的人是否願意幫忙買票，同時送他一張免費的票。
- 問通勤中的軍人能不能請他們吃點心、餐點、飲料或靠枕，或堅定提出換位置來升等他的座位。
- 問公司的新人要不要一起用餐，還有見見其他部門的人。
- 問其他人要不要幫忙開門或是關門，或是幫身高較矮或坐輪椅的人拿架上的物品。
- 問老師課堂上的教學需不需協助，或問孩子需不需要捐贈可兌獎的盒蓋給學校。
- 邀請獨居鄰居和你一起參加某個聚會、一起看場電影或到教堂做禮拜。
- 問上班族爸爸或媽媽要不要幫他們買東西，或在他們處理家務時幫忙顧小孩。

● 問問受傷或生病的人，能不能幫他們院子除草或代買晚餐。

邦妮

邦妮出任一間社福機構主席，她決定詢問客戶需要什麼幫助。與其讓義工來決定玩具，她在假日開放專賣店舉辦購物活動。客戶有尊嚴地用點數購物，而義工會詢問他們要什麼服務。邦妮說道：「傳統方法行不通。過去我們都送女孩洋娃娃、送男生球。客戶最知道家人真的需要什麼，了解收禮對象適合什麼禮物。我們該做的就是問他們。」

另一方面，你也要接受他人幫助。既然他人接受你幫忙時，你感到喜悅和感激，他人能幫上忙，不也能體會同樣感受嗎？沒錯。如果你不請人幫忙，他人就沒辦法感受到助人的喜悅。不只有助人是做善事，請人幫你和接受人主動提出協助也是善意行為。

引導他人開口

請你的學員挑選團隊合作活動來幫助非營利組織。請他們招募人來參與籌畫團隊，請他們主辦活動並提出請託，再討論這些經驗和提出工作相關要求有什麼關聯。

大膽去要重點回顧

- 誠信致勝指的是提出方案能用可靠誠信的方法讓各方得利。這種方案能建立長久的良好關係，因為各方比較不會翻臉不認帳。
- 多數人（根據〈「大膽去要」研究〉高達三分之二）為他人開口比為自己開口更自在。可以好好運用這點，把情境想成是請託能幫到哪些人，像是：

如果我要求加薪，就能幫助家計。

如果我在班上發問，就能讓大家理解老師所說的。

如果我幫當地募款單位集資，就能幫到整個社區。

如果我請企業資助醫療研究，癌症病患就能從中受惠。

考考你

- 我是否抱持著誠信致勝原則，或只是想要討好大家？
- 我能提什麼問題來幫助或服務他人？
- 我是不是有實行「開口助人」來幫助或服務他人？
- 下次我提出請託，成功的話能幫到誰？

放膽提問出擊

- 問通勤的軍人能不能請他們吃東西，或請他們換成你升級的座位。
- 問生病同事你能不能幫忙負責他當天的工作。
- 幫人開門。
- 為自己提出能同時嘉惠他人的大膽要求。

成功祕密法寶

請至 www.AskOutrageously.com 下載貝蒂葛雷克著作《混亂中取得控制：癌症照護者生存守則》中〈分擔工作：主動提出幫忙的有效方法〉章節（英文版）。到 TEDxSMU 觀賞《這世界需要你大膽去要》。

第九章

權力

向人請求時，盡可能向握有決策權的人提出。有些人向有權勢的人開口容易感到不安，擔心雙方之間財力、培訓、年齡或性別差異造成不利影響。他們覺得因為自己的學經歷及家世讓他們沒辦法準備好和能手握大權的人交談。你和握有權力的人提出請託時是否猶豫不決？那麼你不是孤單一人，研究調查發現許多人遇到這問題：

- 我怕開口請託受到反彈。
- 開口要求可能增加工作負擔，而且不保證有用。
- 要是我開口，對方可能要我還人情。
- 問的對象令人膽怯，讓我不敢開口。

經驗或學識差距令人感到退縮。舉例來說，教授和教師的權威讓許多人敬而遠之。根據研究，28％的人表示絕不會向教授討論成績或是提出調整分數的要求。為什麼不和老師討論成績的問題？老師了解你為什麼沒得到預期的成績，你能向他求助來了解概念或知道下次如何改進。況且老師也是人，有時也會犯錯。新聞系教授洛利艾倫（Lorri Allen）說道：

我身為一名教師和導師，實在無法理解為什麼每學期都只有一兩位學生來辦公室找我。學生求助能獲得更多單獨面談時間。學生開口能讓我更了解他們的問題，讓我更能勝任教師職責。我欣賞不怕艱難而願意開口的學生。懂得求助通常能得到更好的成績。

在教育方面，父母或監護人往往不清楚怎麼向老師詢問成績或建議。家長注意小孩子表現差強人意時，頂多向老師詢問：

「我注意到小孩子成績一落千丈，他有來求救嗎？」

「能否提供任何建議來輔助他在家學習？」

「您是否注意到他行為有任何異常？」

德州麥金尼市中學教師麥可林可（Mike Link）建議：「父母應該要問的是：『我家孩子有沒有盡自己所能來求取進步和改進？』」。

多數掌權人心裡明白你沒有他們的經驗，所以不用打腫臉充胖子、急於表現或想裝內行。開口尋求更多資訊，通常展現你有心學習並更深入理解。

要求見經理

我是否能見見負責人呢？

你們經理在嗎？

讓掌權人了解你在現場注意到的問題。（譬如：「我注意到你們停車場的燈壞了。」）告訴經理需要改進的事項。

此外，要求見主管並告訴有位員工服務非常周到，他們一定很驚訝。

「人家」

無論「人家」有什麼身份地位，不要被震懾住了。重要人物可沒時間能浪費。不用操心「人家」覺得你表現如何、看你順不順眼。決策者把最寶貴的時間花在你身上，表示你握有他們想要的東西。

練習開口探聽和辨認誰掌權。找出哪些人有權答應你的請託，並觀察這些決策者的反應。他們會仔細聆聽並思考、解決問題、在他人受困時出手介入。注意哪些人有權力和意願同意請求。除非有特殊壓力的情況外，可觀察到有權的人不會因受到拜託而不悅。他們拒絕時經常也會提出反對的立場或解釋這麼做的考量。

確認權力關係

你可不要直接問人有沒有能力下決策而冒犯對方。通常對方在過程中扮演重要角色，能將你的請託交付給最終決策者。你該做的是提問來判斷誰有權答應你的請託。

- 「請問除了您之外，還有誰參與這項決策？」

● 「他們較方便用什麼方式接受資訊？」
● 「是否能請您向我解說一遍決策流程？」

找出負責核准流程的人，就可以向他們提出更佳提問、尋求更優質的資訊。

多注意你連絡的人透漏出什麼決策者相關資訊。上層的人可能想要一目了然的輔助工具、總價方案或細節文件來進行決策。如果不能請到有權的人來聽你講，將資訊交給中間人，有效呈現自己的請託。把資訊準備妥當更可能讓對方正確理解與採納。

應對決策者

決策者不介意你提問，尤其是回覆能讓他們生意更興隆。開口提問時，他們在意你是否敬重他們最有價值的資產，也就是時間。另外，要是他們向你提問或回答你，表示你有他們所需要的東西。

聽過一句話叫「好奇心殺死一隻貓」嗎？這其實是因為這隻貓沒

有先問出口。掌權者會鼓勵大家抱持好奇，所以應對決策者時要抱持自信來提問。

- 請問您今天要我協助處理什麼事？
- 請問您認為這個問題的根本原因是什麼？
- 請問您的團隊認為原因是什麼？
- 請問這問題規模多大？（時間、費用、資源？）
- 您每週花多少功夫處理這項問題？
- 如果不處理會怎麼樣呢？
- 在您目前處理過程中有哪些方法生效？
- 哪些方法沒效呢？
- 您認為理想解決方案是什麼？
- 您怎麼判斷問題是否解決？

這些問題太直接？或許是吧，但是進行決策的人希望對方能果斷、切入要點。多數決策者時間有限，注意力也無法維持太久。用列點方式提供資訊、執行摘要，且能清楚交代期望的回覆形式和想提請的決策，讓溝通過程簡短有力，細節分項解析清楚。

我們會將請託的基本資訊提供給主持的人：有哪些人參與？需要什麼準備？什麼時候執行？有什麼預期問題？向高層人員溝通有項技巧，就叫「切實執行」。

所以呢？

通常有權的人想聽到的是：「所以呢？」也就是：「請講重點，告訴我這哪裡重要、讓我知道你請託的事有什麼要緊。」決策者想知道在商言商有什麼好理由來答應你的請託。

黛西

澳大利亞及紐西蘭的特百惠、紐蔓氏公司（Tupperware & Nutrimetics）總裁黛西展羅（Daisy Chin-Lor）認為，提問及得到回應能清楚顯現你投入其中且真心關切。黛西身為全球高階主管，曾居住過七個不同國家，並領導名列財富世界一百強（Fortune 100）的公司進行直銷、精品零售以及保養品販售。黛西說道：「我常常要讀人預備的厚厚資料及分析，包含解釋狀況、企業提案或企畫更新。他們花許多時間在準備資料、查證事項以及製作精美簡報來讓我評鑑。雖然我真的很感謝他們籌備花的功夫，但我真正想問的是：『所以呢？』她得到的回應常是對方目瞪口呆。她說道：「我目的是更積極，促進討論更深入，不只停留在表格、數字和投影片。這項提問常適用各種文化，能針對企畫引發真正的討論、感受到對方的熱忱（或興致缺缺）。所以呢？如果你不知道，表示你不是真的在意吧？」

光說無權

你有沒有遇過某些人不直接拒絕卻也不會允諾？他們看來很熱心，常要求提供資訊，也可以說和你糾纏不清。這些人就是所謂「光說不練」。這些愛虛耗時間的人可能提出要幫你處理企畫，但在你需要幫助的兩個禮拜間都忙得不可開交。他們答應幫忙引薦人卻從來沒做到。要是你負責的是業務或要面對客戶的工作，這些暗中出擊的人會要你帶他們吃個午餐或打打高爾夫球。而且，他們時不時想請你幫個忙或向你探消息，但並不會真的買帳或下決策。最後你才知道，自己應付的人不斷找藉口和拖延，並沒有實際影響力和決策權。

沒權的人只有能力說不行。

多數人不是要刻意利用你，但他們就是沒有答應的權力。不過，還是要對他們以禮相待。如果直接越過這些聯繫窗口，可讓你從未來討論中剔除。破壞規矩可能害你失去達成目標的機會。同樣地，如果越級直闖老闆那關來提出請求，可能會惹惱對方，降低對方採納的機會。

要是對方說不，我都會回：「看來您無法同意或提供協助，那麼請問我能向誰談來取得同意或得到協助呢？」

那些無權無力的人通常會要你給資訊，但也沒辦法告訴你什麼時候能進行決策。有些人要不斷確認，而且因無理的流程延遲，或是提出些不實際而沒邏輯的理由。這些人並不是決策者，等候能進行決策的人才是好好善用時間。

別玩讀心術

求人高手不會引光憑自己的觀察就憑空提出請託。他們會向人發問來檢驗自己的預想是否正確。他們不會瞎猜，而是向他人詢問重要關鍵。有句俗話說：「親手打造過的自己最珍惜」，很切中請託方面的事。讓其他人一同創造或參與解決。提出這些問題能夠讓你知道決策者是怎麼想的。

- 如果能夠執行任何事項，請問您希望看到什麼成果？
- 您希望達成什麼結果？

過去的提問

聰明的人會找出其他人過去曾詢問及達成的事。如果不能自行判斷某項資訊，會向他人探聽情報。以下供提問參考：

- 您以前提出過幾次類似的請託。請問其他人通常請您提供哪些資訊？
- 請問以前我這個職位的人，通常向您要求什麼資訊呢？

深入提問

能開口要求的專家通常有幾項共同的特徵。他們不是想辦法更拚命，而是聰明提問，把問題變得更深入。他們會提出開放式問題、傾聽答案，接著再提出跟進問題加以釐清，例如：「請問能再說明更詳細點嗎？」還有「請問還有什麼其他事項？」他們不會假裝自己會讀心術，而是會問出口、稍停一下，留空檔給對方回應。

- 在開始前，請問您有什麼重要的立場要說明呢？還有其他什麼事項嗎？

● 請問您過去注意到的執行事項有哪些奏效？請問能說得更詳細嗎？

提出問題以後，留空檔給對方回應資訊。

幫助解決問題

你沒辦法知道其他組織、團隊甚至家庭細部是怎麼運作。不要隨意猜測，要把疑慮告訴對方，並請他們幫忙解決問題。

● 我想了解如何聯繫上相關的人、取得所需資料來解決您的問題。能否請您提供這些人員的連絡資訊及資料？

● 過去我們在溝通上遇到些問題，特別是行程安排。請問您認為如何讓大家達成共識？

● 您認為您的員工可能會有什麼反對意見？相應的最佳計畫是什麼？

不懂別裝懂

決策者能識破裝懂或是混水摸魚的人。不要假裝自己知道所有答案，而是盡力準備就好。如果請託時遇到無法回答的問題，可以直接說：「我不知道。」問對方是否須先找出答案才能繼續討論下去：

- 我不太清楚。請問這項資訊對您進行決策是否重要？
- 我不知道。以前沒有想過這個問題。請問您是否要等我先找出答案，或我們直接談下去？

不要直接答應會去確認、承諾給答案，要先確認那項資訊重不重要。要是根本不影響決策，就不用浪費時間搜尋答案。

別太堅持在對的時間、用對的方式問出對的問題。這點根本強人所難。你沒有既定劇本可以照著走。提出問題，聽完對方的答案再繼續問下去。

說話讓人聽得進去也是一種實力。多數人看重你有沒有認真傾聽他們的答案，而他們講越多，你越能了解更多消息。你要清楚自己的請託內容及背後支持理由。回覆對方問題時，也要好好全神貫注。

提出聰明回覆

輪到你說話時，準備好向問題接招：

我想要的是＿＿＿＿＿。（陳述你認為理想的情況。）

我現在最需要知道的是＿＿＿＿＿。

我過去曾經看過成功的方法是＿＿＿＿＿。

我們進行決策的方式是透過＿＿＿＿＿。

如您能接受，我想接下來要做的是＿＿＿＿＿。

我想接下來我們需要討論的方面有＿＿＿＿＿。

我現在能回答您幾個問題，但有些問題還需要多些時間思考，像是＿＿＿＿＿。

你需要他人幫助

人不可能事必躬親。在這個講究合作的世代，你不能說：「我不用人幫忙，自己看著辦就好。」才怪。不管是學校企畫合作、工作團隊、快閃族、群體發包，共同參與都是關鍵要訣。雖然自營業者也值得肯定，但是這年頭已經不再欽佩或鼓勵只靠自己雙手拚搏。

佩琪克林斯（Peggy Collins）是《求助不用怕》（*Help Is Not a Four-Letter Word*）的作者，提供了下列建議：

需要時確實請求外援。如果你通常都是靠自己、下所有決策，一開始可能感到不安，擔心要把控制權交給他人。不過，和其他人一同擬定計畫時，比較不會被打回票，也不見得會失去掌控權，而且還能夠一起建立革命情感。這就是雙贏。

拉傑

拉傑處的環境充滿競爭，如果沒爭取好表現就可能被解雇，因此備感壓力。拉傑近期收到意見表示「交付事項沒跟上行程」以及他「不能繼續這樣單打獨鬥」。拉傑之前沒請其他人幫忙，是怕其他人做不好或出錯。拉傑告訴自己：「我知道現在擔心的是做不好會被炒魷魚，但要是不把工作分出去請人幫，絕對不可能完成。為了確保能夠達到標準，我要請適合的人幫忙，並準備好溝通計畫。還有，我們需要擬定好接洽活動的行程，確保能準時提供服務並顧及品質。」

提請支援

為了要發揮更大影響力、把請託能力練到登峰造極，可以考慮加入同儕互評小組。有些人建立這些小組來互相扶持、激勵彼此成長並提升成效。這些成員和你成為彼此的私人決策團隊。有些同儕互評小組用正式方式組成，目的在聚集不同組織類似職位的專業人士。譬如，高階主管成立的正式互評小組有傳世達（Vistage）、女性領導力論壇（Executive Women's Forum）、抉擇委員會（The Alternative Board, TAB），女性專業組織（Women's Professional Organization, WPO）以及青年總裁協會（Young President Organization, YPO）。

其他類似的同儕互助團體則是非正式組成，根據成員需求調整。你也可以成立自己的軍師或智囊團。和有心一同成長的人合作，能得到深入見解和能力，縮短學習時程，而且讓你避免踩地雷、犯大忌。共同擔綱責任、給予意見回饋並相互扶持，都是無價之寶。

我們責任小組成立後，過去連兩禮拜舉辦簽到會議。基本議程是（1）你目前打算達成什麼成就、和誰重新取得聯繫？以及（2）你需要哪些幫助？我們盡可能維持簡短有力，但還是有足夠時間談談大家的需求。

與彼此信任的人成立應援團。約你重視的人共用早餐或午餐，或是下班後聚一聚，你會很訝異邀約成果。只要有機會，一般人都願意與人相互聯繫。

金鑽女

蜜雪兒、蘇珊和愛麗森想舉辦聚會，接觸職場上不同行業程度相仿的女性。他們邀請其他強大的商界女性，共同付出時間和心力來相互扶持。他們知道自己就像原石，經琢磨能夠成為鑽石，而自詡為

「金鑽女」。金鑽女互相參與彼此演說、互相支持信念，也約出來共享歡樂時光並給對方建議。想知道要怎樣能加入，和這些厲害的女性來往互動？就是要開口問。必須要有人開口主動要求加入或受邀。

引導他人開口

請你指導的學員和其他部門或公司的人見面喝杯咖啡或吃午餐。

請你的員工和你共同參與一場策略擬定會議，或是適當情況下請他替你出席。要求他們出席前先想好目標，接著觀察提出請託的狀況，並請他們將觀察結果回報給其他同事

大膽去要重點回顧

- 一般人常因學經歷、家世背景差異而不敢開口要求。他們害怕要向掌權的人開口會被看不起或要承擔後果。
- 放膽索求並不表示越級或直接找上頭的人談。違反規範或是冒犯了非決策者的基層人員，常常會招致失敗。

- 留心哪些人沒有實權、不能同意你的請託。這些人耗費時間、暗中出擊，態度熱切提出要幫忙，且關心你的事情和服務，這是因為他們無法拒絕，但他們也無法允諾。
- 真心抱持疑問。誰都不會讀心術，把問題問出來又何妨？「請問我們要怎麼樣討論這個議題？」或是「您希望接下來怎麼進行？」

考考你

- 我因為哪些事壓抑自己不開口？（是不是因教育背景、社經地位或甚至外貌感到自卑？）
- 我是不是擔心自己的形象、擔心對方看我不順眼？（別再擔心了。決策者要是在你身上投注最有價值的商品，也就是時間，表示你擁有他們所想要的。）
- 誰一直不斷開空頭支票、浪費我時間？

放膽提問出擊

- 要求見經理，向他們提供購物經驗正負評回饋。
- 如果你常答應人或很好約，這次不想參加的活動就說不行幫忙或參與（結果感覺如何？）
- 找出領導人。注意四周看能否能找出哪些人有決策權。
- 邀請你想深交的領導人或表現優秀的人來共用午餐或早餐。考慮規律見面，互助來加強請託和決策。扶持彼此求取成功，並從中獲得意見回饋。

成功祕密法寶

下載〈建立智囊團或同儕互助小組的訣竅〉（英文版）。

第十章

量身打造請託

對人了解得更透徹，更能產生情感上的聯繫。問問對方過得如何、來自什麼背景、工作近況以及興趣。從他們的答案能了解他們的思考方式、所做的選擇、處理資訊的方法，還有他們看重什麼事。

向他人提出請託時，要考慮什麼樣的溝通風格能有最好的成效。注意對方如何回應。要是發現對方特別喜歡某種通訊方式，就能用來擬定策略。如果知道對方較講究邏輯還是重感情、內向或外向，就更能加強溝通、建立良好關係。

同一套溝通法不見得適用所有人。

溝通模式因人而異。雖然提出請託常有類似事項、數據和組織單位，但會牽涉到不同的人，溝通方式自然不一而足。

保持好奇心

溝通時多抱持好奇心，注意每個人用哪些互動方式能起作用。知道對方溝通偏好，更能順利聯繫並為請託加分。觀察對方使用的語言還有性情。

- 你和哪些人關係比較要好？
- 需要一點閒聊或對方不喜歡這套？
- 是不是需要跟緊客觀事項，預備好交代細節？
- 重點摘要、列點整理及結論有多重要？
- 誰希望保持氣氛輕鬆愉快？
- 對方需不需要些時間思考或喜歡速戰速決？

我問問狀況如何時，不要跟我講什麼感覺不錯等抽象的事。我要知道的是確切數字及各項表現評比。

不管對方是誰，能快速了解如何聯繫及溝通，能讓你大幅提升請求能力。記得每個人都跟你有些不同。想想自己的家人，特別是兄弟姊妹，他們和你有類似的教養環境、吃差不多的食物、在同社區長大，甚至上相同的學校。他們的思考和工作風格都和你一樣嗎？不完全吧。就算是長得一模一樣的雙胞胎，也會發展出不同的風格、特色以及才能。

DEAL應對要訣

為了要知道如何強力提問，使用DEAL應對要訣，觀察對方用什麼方式應對請託。他們是不是喜歡：

D：下決策（Decide）

E：與人互動（Engage）

A：配合協調（Accommodate）

L：調配資源（Leverage）

一、決策者

決策者態度認真、講求效果。他們會採取行動且喜歡下決定。他們眼觀大局，希望能盡速得到結論。決策者喜歡聽人提問來形成挑戰，促使他們思考不同選項。

錯誤示範：盡聊一些無用的細節。別浪費他們的時間。

請開門見山提問，接著用簡潔有力的資料來輔助請託。訴諸邏輯而不是情感。試試以下幫助進行決策的問題：

- 如果您今天能處理任何事項，您想處理哪項？
- 要如何判斷是否成功？

二、互動者

互動者越外向，越能和人打成一片。他們注重樂趣和人際關係，能提供他人支持。他們希望能激勵、鼓勵人，並且建立好關係。互動者常是整場活動的靈魂人物，或是最有活力、最能帶動氣氛的人。

錯誤示範：講無聊的事實、嚴肅資訊，無法直接和人產生連結。

請他們發揮創意，思考些點子來激勵他人。互動者能想出他人難以取代的溝通辦法。

試試以下與人互動的問題：

- 有哪些創意發想能讓氣氛輕鬆愉快？
- 要怎樣把原本枯燥乏味的資訊，講得生龍活虎而吸引人。

三、協調者

協調者通常好親近、好說話且好聊。他們判斷同意與否時，會考量請託能不能帶來好處、是否敬重人且為人設想。

錯誤示範：不恭敬地對待他們或旁人。不要越過他們這關或違反協定，不然只會自斷後路。

問他們認為某項請託會對人帶來什麼影響。協調者很能知道他人感受或需求。

試試以下與人配合協調的問題：

- 請問這次調動訊息會怎麼影響大家的態度？
- 要怎麼樣注意到他人的努力付出？

四、調配者

調配者很了解整個體系和流程且喜歡學習。如果請託根據事實且考量最佳方案，他們更可能同意，並加以妥善運用來提升效能。錯誤作法：草率提問、催促檢驗流程或無視體制。問題定義不明確而缺乏根據。

務必要問具體明確的問題，給他們時間考量你擬定的方案。調配者希望能比較雙方思考流程。請他們說說這項請託如何怎麼實行最有效。

試試以下調配資源的問題：

- 要怎樣能確保您擁有一切所需資訊？
- 您考量如何正確實行企畫時，能用哪些工具來評估？

注意：類似特徵的評估結果可能有好幾種不同稱呼。

內向與外向

提出請託等考量溝通方式時，要顧及對方個性偏內向或外向。

一、內向性格

DEAL應對風格中，兩項含內向特質的是協調者和調配者。〈「大膽去要」研究〉中，部分參與者表示個性內向成為他們提問的阻礙。他們的答覆提到類似狀況，就是寧願屈就現狀，也不想開口要求更多。

- 我是內向的人，很不想打擾別人。這項特質讓我很難向人開口要任何事情。
- 我是天生內向的人，向來都很在意他人對自己的觀感。通常寧願將就將就也不想提出來，免得讓人感到任何不愉快。
- 我個性內向，不太能向任何人要求任何事。只要不用開口，得不到自己想要的東西我也能接受。

比較內向的人通常喜歡私底下提出請求。他們不太會在會議當中發言，但可能在會議前後來找你，提出疑慮並尋求方向指引。思考你要私下怎麼談來切中對方真正注重的事。

二、外向性格

DEAL應對風格中，兩項具外向特質的是決策者與互動者。外向的人通常較能輕鬆開口，但可能需要人協助他們把注意力放在相關人事上。他們在會議中自在發言，而提問時可能偏離主題。

- 除非特別冒犯人、找麻煩或造成他人不悅，我相信大家都喜歡幫助人。我自己就是這樣，所以也會開口求助。
- 我會通常會放膽一試，事後再請人原諒。

作風大膽而外向的人提問時，常讓人聯想到舞台上演出的演員。他們講出心中想法，接著即時修正。記得要和他們確認最後的立場。

不過，要是他們在人面前提出敏感議題，要準備好對他們說：「我目前還沒有準備好談這點，我們還是把焦點放在當前的正題上吧。」

個性較保守的員工（協調者和調配者）可能會單獨向你請託重要事項。建議和他們約一對一會面，並讓他們知道你到時會問：「這禮拜有哪些作法見效？」「你希望下週怎樣改進？」以及「工作有哪些進展？」還有「有什麼潛在有效，但我還沒提到的問題？」排定好會議及預期問題，能讓內向的人帶著想好的問題和建議來找你。

和外向員工定期開一對一的會議（決策者和互動者），讓他們把想法好好傳達給理想聽眾，也就是你。你可以問他們：「這禮拜有哪些進步？」「你下週專攻的焦點和前三大要務是什麼？」如果他們在週間找你，你可以回：「這是立即要處理的事嗎？或是等我們一對一會談再討論吧。」預定會面時間能讓外向的人好好思考、專注及考量優先順序。

另外，特別在請託方面的企畫，考量安排外向和內向的人相搭配、共同負責回報合作成果。讓他們知道彼此的強項，並要求他們相互支援。請內向的人協助外向的人思考請求或溝通細節，好讓大家能夠理解。請外向的人多鼓勵內向的人參與會議、簡報以及商務往來場合。實務需求中借用彼此的力量，能促進他們專業成長，更勝於其他任何培訓或指導。

無論是管理、指導或培訓，了解彼此DEAL應對及溝通策略在請託方面相當重要。每種請託類型有各自的利與弊。以下提供幾個範例，說明如何幫不同DEAL應對風格的人克服障礙、霸氣提問。

D：下決策

多米尼克喜歡下決定、搞定事情。雖然他銷售額表現名列前茅，但他太急著拉生意，而沒有探索其他更有利的可能性。他主管要他挑戰提出更全面的培訓計畫。她給多明尼克一項目標，要求他決定哪些安排能協助達標。多明尼克拿下案子的時間拉長，但他多透過對話來談培訓需求，大幅提升了業績表現。

E：與人互動

伊莉絲知道自己受邀到義大利佛羅倫斯參與一場協會會議。她向老闆申請核准時，老闆提醒她公司近期縮減出差交通費，並請伊莉絲想辦法讓這次機會帶來營運效益。伊莉絲提出，這次機會能幫公司打全球知名度。尤其，她指出哪些潛在客戶也會參與，並表示能和各國未來合作對象安排見面及洽談。

A：配合協調

亞當帶領客戶服務部門。他需要提拔至少三名員工來處理新增的電訪工作及當前業務需求，還要聘用新人來替補他們釋出的職缺。亞當的主管認為他過去請託之所以遭拒，是因為他太注重配合與協調。主管要他想想怎樣拿出更堅定的態度。

亞當這次提出請託時，提出佐證文件來說明營收會受什麼影響。他提出：有更多的人力，能提升舊客戶留存率並爭取額外業務。亞當成功協調了各方立場來提出請求。

L：調配資源

樂安妮的指導員讓她知道之前錯失關鍵晉升機會，是因為她沒開口尋求領導職位。她下決策之前總要多加思考，因此錯過三項有機會爭取到的領導企畫的機會。這種想得太仔細反而錯過機會的狀況，阻撓了她的升遷之路。樂安妮觀察接下來新的企畫，並考慮擔任每場負責人的機會。下次開會時，樂安妮頭一個提出要主持某項計畫，心中也預備好第二志願。她應用調配資源的能力和對流程的認知來提出最佳請託。

與不同DEAL應對風格的人談生意

雖然您可能特別喜歡或擅長某些溝通風格，但商業往來時勢必會遇到不同風格的人。尊重這些差異能讓請託更容易成功。和擁有不同風格或抱持不同動機的人往來，反映出具有強大的溝通能力。專業人士在談大筆數目的生意時，如有一套不同凡響的方法，成就自然也能出類拔萃。

拉爾斯

一場年度銷售會議上，拉爾斯看著現場一百五十位參與者，很失望於大家意興闌珊。他躍起身來轉向講師說道：「先等等。您講得很好，但我看來我們有人昨晚喝多了，沒辦法真的理解您所說的，與不同溝通風格的人來往有什麼重要性。」接著拉爾斯開始呼喚大家的名字：「保羅萊特，你去年簽下最大的客戶，讓三個州份和醫療業者和我們合作。我想問你個問題，你在公司的窗口跟你很相像、還是很不同？」保羅萊特大聲答道：「非常不同。其實一開始我們根本不知道要怎麼跟對方溝通，她非常注重數據。」拉爾斯謝過她後大聲喊出：「傑瑞，你三個月前談成租約，爭取到最佳協議。你覺得對方跟你個性多麼相像？」傑瑞回：「一點也不像。」拉爾斯轉向整個團隊說：「我也有同感。如果你想在這間公司繼續順利發展，就要做點不同的事。要是有人覺得對目前的請託和表現完全滿意的話，要先走一步或睡個午覺都沒問題，我來做個紀錄。」

求人高手欣賞獨到見解、特殊才能以及與眾不同的經歷。

你的溝通成見

〈「大膽去要」研究〉中，參與者指出影響到他們請託方式的事項。個性內向這點受到不少強調。許多人提到：

- 家庭關係及組成（家中排行、單親家庭、親子關係）
- 成長背景和教育環境（文化、宗教、教育程度）
- 工作經歷（工作職責、領導職位、指導人）
- 生命經驗（健康、婚姻狀態、政治職位）

有些差異並不是人可以自行決定的，例如性別、世代、社經地位、族裔和宗教。這些主題常能在各書籍中找到參考。要是對某個文化沒什麼概念，提問來檢驗自己的假設。或許有人熟悉你想請託的對象跟他們的成長背景，他們能給你建議來幫助你傳達請求。

如果在溝通上遇到困難，探索這些問題出現的原因。說不定和你成長背景相關。研究對象提出父母教養方式、家庭關係都是影響因素。你可能比較不了解或少接觸某些經歷和文化。思考這些原因以及是否有根據，這能讓加強你提出請託並調整策略。

性別偏見

根據研究調查，影響提問的一大因素在於性別。提出相關評論的清一色是女性，多數說的差不多是：

- 我家的女生從小到大就是負責「從旁輔助」的角色，不受期待能擁有自己的事業或獨立自主。
- 我想社會認定女性得到什麼都要感激，就算不是自己想要的或不如預期。
- 沒人跟我們女性說過兩性有不同套職場規則。工作上領薪水或報酬並不是受人恩惠，是我們自己賺來的。

然而，研究中也有些女性認為教養方式鼓勵她們堅強、敢開口。她們學習女性典範，像母親、嬸嬸姑姑、祖母、主管，以及鼓勵她們的男性楷模，特別是兄弟、父親、丈夫、老闆。

- 我繼承了家中勇往直前的女性血統，散發女性特質且堅強。
- 我有三個哥哥。媽媽告訴我們每個人想做什麼都可以。
- 我要感謝婦女運動，還有本篤修女院，她們樹立放膽索求的楷模，爭取一切所需來在社會上立足，並在全國各地興辦醫院、學校。

受調查的男性，沒表示因性別而在請託方面有優勢或劣勢。〈「大膽去要」研究〉結果符合過去對開口提問進行的相關研究。接受調查的男女性稍有不同但差異不顯著（見二五〇頁）。以下兩個問題在男女性之間只有些微差別。

- 女性表示較能輕鬆為其他人開口，比例上較男性稍微高了6％。不過男女兩性都覺得為他人開口較為自己開口容易許多。
- 第二題的結果相反（見圖10）。男性較可能克制把請託說出

圖 9　女性 VS. 男性：我比較擅於為其他人開口

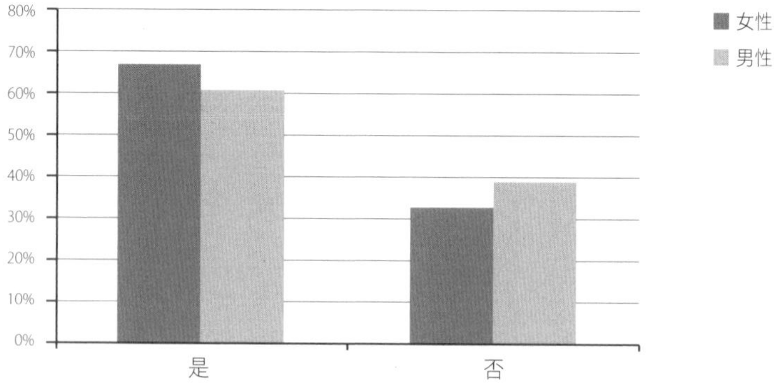

圖 10　女性 VS. 男性：你是否曾克制自己不要提出重大請託，接著發現他人要求並得到手？

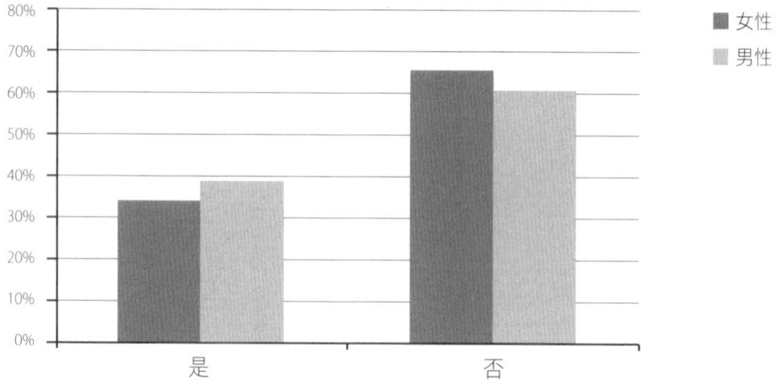

口，而眼看機會拱手讓人，比例較女性高出6%。

女性不開口的原因

其他研究顯示，性別影響提問及談判[2]。一份研究比較男女性商管碩士生，發現男性申請人較女性可能爭取工作條件、要求更高的薪水。因此，女性平均起薪比男性低8.5%。不主動開口會隨著時間成為常態，並且影響整體性別的薪資差異。琳達鮑柏克（Linda Babcock）和莎拉拉薛維（Sara Laschever）在《女人要會說，男人要會聽》的研究注意到：

女性第一份工作沒爭取起薪，可能導致她終其一生職涯中平白喪失五十萬美金收入。而同份研究也指出，具同樣資格的男性求職人，

2 黛博拉史默爾（Deborah A Small）、蜜雪爾吉爾芬（Michele Gelfand）琳達鮑柏克（Linda Babcock）及希拉利蓋特曼（Hilary Gettman）合著〈誰會上談判桌?性別與談判發起說詞之影響〉（Who Goes to the Bargaining Table? The Influence of Gender and Framing on the Initiation of Negotiation），刊載於《個性及社會心理學期刊》（Journal of Personality and Social Psychology）2007年第93卷第4期第600-613頁。

要求更高薪水比例是女性的四倍。

實際上要怎麼應對性別差異，讓公司面臨更為棘手複雜的狀況。許多組織希望在訂立職務內容、薪資級距時保持性別中立。但女性沒有開口也讓人資部相當為難，他們想著：「向女性提議增加薪水才不會讓人覺得我們有性別歧視，或是說主動提出本身就是種歧視作法？」

男性對女性的鼓勵很重要。賦予責任、鼓勵開口以及指導能有長遠效用。支持的話語像是：「妳沒問題」、「妳做不到的話就不會把這個企畫交給妳」、「最能勝任的人非妳莫屬。」

霍爾德

霍爾德發現蘇伊在董事會上的表現，包含她有件很重要的事要說卻沒有發言。他問道：「怎麼了？我看得出妳想說些事，但沒說出來。」蘇伊坦承她在坐滿高層主管的會議席間不太自在。霍爾回應道：「把問題好好講出來。妳受評選才來到這裡，妳的聲音必須要讓人聽見。無論最後能不能達成共識，妳要說的話很有份量。」

請託最怕的用語

準備好面對讓人聞風喪膽的詞語——「談判！」，女性或男性都對談判這個詞感到不安。這詞表示要面對高壓業務或抵抗他方勢力。

大家常擔心談判時沒能好好呈現、被占便宜、遇到騙人伎倆，還有因對方準備更齊全而輸掉。你是不是真的很擔心亂了方寸，或在談判這種激烈場合中忘記重要細節？你很堅強、聰明且做好準備。沒有誰能用意念讓你屈服，或用些談判的高超奇招來撂倒你。

確認事實：「談判」這個字詞並沒有那麼強的力量。

黛博拉史默爾和團隊夥伴在〈誰會上談判桌〉的研究報告中提

到，談判對女性而言特別嚇人。然而，如果想成是開口請求的機會，性別之間的差異變消失於無形。換句話說，女性認為開口請求比談判來得容易。

把談判過程換個說詞，要視為「發揮影響力」、「提出請求」或「開口要求」吧。「請求」（協助、建議或改進行為）就是一種「談判」。談判過程中會提出一系列請求，要發問來了解對方立場，他們也會反問你的立場。雙方會交流資訊，共同判斷提議是否合理，以及是否雙方同意。而過程中會想建立或強化兩方間的關係。

看看厲害的談判人是怎麼做的。他們提出問題、聽人回覆、追加問題，並根據現有資訊做出最佳決策。頂尖「談判人員」就是「求人高手」，他們彬彬有禮且能輕鬆應對不同人，包含前線人員和執行長，也會隨時隨地提出問題。

語言障礙

如果雙方講的語言不同會怎樣呢？語言障礙讓簡單討論變複雜，

讓複雜討論變雞同鴨講。你可能漏掉細微處，無法精確地進行討論。不同文化的用語和指涉意涵不同，如果連基本語言都成問題，提出請託等更複雜的溝通就變得難如登天了。但別因為這樣就放棄了。

雖然某些場合會請口譯員居中翻譯，但多數狀況沒有。如果你要和講不同語言或口音重的人洽談，要先仔細聽，接著把聽到的重複講述出來，錯了他們可以更正。建議雙方通電子郵件來細部討論不同觀點，接著回顧和討論這些資訊，才能有機會釐清。另外，親自見面和視訊會談好過講電話，因為這樣才可以看出一些表達方式。

我們和墨西哥合作夥伴會議通話遇到語言障礙。一開始我們用英文提出請託，合作夥伴用西班牙文互相討論，接下來再把決策用英文向我們說明解決方案。他們笑稱彼此的討論叫做「西班牙語空檔」。讓他們討論要花更長時間等待，但就結果而言我們溝通更有效，體解更透徹，並在提問後獲得更佳回覆。

自己的口音和語言

要是你覺得口音、行話或專業術語會影響對方是否理解和採納，要向外求助。有些簡報指導員、語言治療師，還有正音班專家，本業就是讓人溝通更順暢。幫幫他人理解你說的請託內容吧。

我的角色就像是個翻譯者，負責協調企業需求和我們的軟體工程師。我傳達給雙方的行話和訊息講的方式都不同。

保持正面疑問

要能包容來自不同背景的人。鼓勵他人參與並在對話中歡迎不同意見，能更透徹了解他方立場、掌握機會，並更能提出適切請託。

- 看其他人去哪裡也盡量參與。
- 一起擔任義工。
- 好好邀請不同人共進午餐。
- 參與多元文化節慶或展覽。
- 向不同背景的人提議協助指導他們。

- 有禮貌地詢問和自己不同的習俗。
- 好好用心傾聽他人說什麼，也要注意是不是什麼都沒說。

莎莉

莎莉和老公布賴恩，選在背景多樣的社區養育家庭。他們在自己的信仰中心很活躍，但孩子的朋友和同學都不是猶太人。莎莉舉辦跨宗教的逾越節晚餐，邀請小孩的朋友和他們家人來參加。莎莉解釋道：「逾越節是盛大的宴會，傳統味道濃厚，外界人士看來非常新奇。我從小到大都喜歡和朋友一起裝飾聖誕樹、掛燈結彩。這不只是奉行宗教，而是分享彼此的生活和不同生命經驗。」

琳諾娜比利斯哈里斯（Lenora Billings-Harris），是《多元化優勢》（*The Diversity Advantage*）一書作者，她說道：「我們都會根據自己生活經驗的眼光來看待一切活動。只要願意換個觀點，我們更能不草草下判斷，而是多先了解客觀事實。」

無論如何，有意願學習並提問，能讓你在不同文化間搭建橋樑。

盡量少說篤定的話，你知道的只是屬於自己的真理。觀察他人行為很有效。要抱持著好奇心並謙遜提問。美國最高法院首位女性對此分享了親身經驗。她是珊卓拉戴伊奧康納（Sandra Day O'Connor），是名母親也是位義工，還當過牧場主人。她提出一項重要立場：「我們無法獨立在這世上完成任何事情……一切的一切都是個人和他人生命質料共同交織所創造出來的。」

好好提問，別瞎猜

不要以貌取人或根據背景資料下結論。多數的人都誠實、可靠且心懷好意。能給你最大協助的人，往往和你的成長背景和生活經歷大不相同。史蒂芬柯維（Steven M.R. Covey）著有《高效信任力》一書，他寫道：「我們用內在思想評斷自己，用外在行為評斷他人。」

引導他人開口

- 和你直屬部下、指導學員規律地相約會面。會面時注意他們溝通時提問的習慣或傾向。

- 請團隊每位成員準備幾道有地方風味的家鄉菜來參與共饗餐會，你也別忘了分享自己的文化特色料理唷。

大膽去要重點回顧

- 為了知道哪些作法有效或沒效，先評估他人提問風格是決策者（認真而重效果）、互動者（外向而注重人際關係）、協調者（好相處、脾氣好）或調配者（講究事實和規矩）？
- 每個人都會因為自己的成長背景、家庭關係、工作與生活經驗而形成溝通上的成見。不管還是性別、族裔、宗教或社經地位，都會影響人提問及回應請託的狀況。
- 影響請託的一大因素是性別。尤其，女性受的刻板印象影響她們提問及談判的行為。
- 雖然比例上差異不大，但可以看出女性比起男性較願意替人提問。男性較可能克制不講出重大請求，之後眼看著他人拿走機會。

- 無論男女性，只要想到要「談判」就容易焦慮。可把流程想成是「發揮影響力」或「拜託人」來減低焦慮。
- 成就不同背景的人，也能同時提升自己的成就。
- 獎勵自己參與多元體驗和豐富文化，更能有效與人聯繫，並提出更完善包容的請託。

考考你

- 要怎麼把談判想像成一種「請託」或「帶來影響力」？
- 向人提出請求時，我的肢體語言向對方透露什麼訊息？
- 同一份請託要怎麼對不同DEAL應對風格的人提出？

放膽提問出擊

- 提出請求前，注意自己能不能判斷他人的DEAL應對風格。
- 運用自己的DEAL應對風格來達成目標。

- 找出自己的溝通偏見，想個法子來保持好奇心，比如請新人吃午餐、參訪他人宗教機構或參與文化活動。

成功祕密法寶

請到 www.AskOutrageously.com 免費評估〈他們的 DEAL 應對風格〉以及〈我的 DEAL 應對風格〉（英文版）。

第十一章——

面臨壓力時保持冷靜

突然得知變故讓人心生不安。要是發現精心籌備的計畫失敗怎麼辦？遇到非預期反對要怎麼重整焦點？如果發現自己準備不齊全，或準備好的事項行不通該怎麼辦？請考慮以下幾個情境。

- 已經到場準備和老闆談論某議題，結果狀況一百八十度大轉彎，發現職位可能不保。
- 客戶緊急傳來壞消息，像不滿交付時程或公司砍預算而影響到你。
- 團隊成員在會議上講的和先前討論的不同，而且表現出一副你們已講好的樣子。
- 簡報時間大幅縮短。

- 遇到還沒想好怎麼回答的提問。
- 發現自己在不知情狀況下違反某職場規定，例如：借用設備未經正規程序或提請休假不符流程。因此團隊成員感到不悅，在你走進辦公室時發現氣氛凝重。

爭取時間

剛聽聞令人震驚的消息，恐怕沒足夠時間思考怎麼提出請託或加以回應。這時可以提問來釐清或輔助決定下一步。

- 我不太確定怎麼回應這事項。請問您如果站在我的立場會怎麼提問？
- 這項資訊對我而言是新消息，能請您講詳細點嗎？
- 這真令人吃驚，請問我們目前有哪些可行作法？

傾聽對方回應。如需當場反應或處理高壓情境祕訣，請參考ASK開口密技（見一七五頁）。

珊迪

珊迪客戶寄來電子郵件，上頭說道：「剛收到妳說要續約，是在開玩笑嗎？你們公司沒有實現先前承諾的服務，執行小組都沒跟妳說明狀況嗎？」

雖然珊迪也想直接質問執行小組，為何和最大客戶往來出問題卻沒人告知她，但她先讓客戶知道她很重視維持合作關係，而用請託回覆：「真是糟糕。我立即連絡執行小組來了解狀況。如有任何相關電子郵件或訊息可提供，能否請您傳給我？您今下午何時方便討論最新狀況？」珊迪沒有提出難以實踐的承諾，而是和執行小組釐清狀況。

預期外的狀況發生時，要保持清晰思緒、提出問題，並做出最佳決策來繼續前進。計畫可能需要調整。雖然新更動可能麻煩，但通常還是有解決辦法。

受到意料外的拒絕不好處理，尤其發現自己沒遵循前例或他人重視的規定。挑戰體制、爭論、哀求或逃避都不是好策略。

特殊狀況

根據〈「大膽去要」研究〉數據，拒絕請託的主因是對方要求的事並不恰當（見四〇頁）。如果要請託的內容沒依循前例或規定，這時特別需要準備萬全。

提出對方未預期的請託可能會受到反對或令人反感。雖然你的請託感覺起來合情合理、考慮周全，但對他方而言卻是新資訊。要一步一步來、好好溝通，並解說基本資料。他們需要些時間思考或取得上司核准。

- 讓對方知道你了解這請託不同於平常狀況及標準流程。
- 顯現你能體會對方職務面臨的難處，以及這項更動可能會加重他們的工作。
- 提出具體理由，說明為什麼要接受或允許這項調整，確保對方不認為嚴重偏離了常規。
- 問對方需要什麼額外資訊來考量或傳達這項請託。要是訊息涉及己方其他人員，先提供書面資訊來支持請求。可不要因表達含糊或傳達不周而搞砸重要提案。

提出問題來凸顯哪些地方重要、該避免或沒效果。如果發現對方不太樂意，仔細觀察對話的討論內容或發生的情境。其他人說話的同時，會透露出思考和行為的跡象。多數的人希望聽到改變現狀的理由。提問不見得能改變他們的心意，但得到的答覆能讓你更深入了解，並成為下次決策的參考依據。

艾許登

艾許登是企業活動企畫人，她被告知近期活動中沒辦法用平常合作的多媒體廠商，她因此而暴跳如雷。艾許登進一步調查時，對方說：「妳要的影視公司沒在廠商選取名單上。採購部在兩個月前就定下來了，妳沒看到電子郵件嗎？」艾許登決定不要因為這項改變翻臉，忍住不做出沒意義的爭論來說明自己接洽優質影音廠商的經驗。她問：「請問這情況要怎麼樣補救？這家是我們活動的最佳影音廠商，對未來會議成功與否非常關鍵。」對方通知艾許登：「填寫申請文件，並請影音廠商檢附更新的保險證明，就能加回廠商名單中。」

最糟的一種情況是遇到緊急狀況或要立刻處理問題。這時偏偏聽到要耐心等待，或遵循某項到頭來八成徒勞無功的流程。

如果沒有應急或處理特例的標準流程，可以提出以下問題。

- 請問您建議怎麼做？
- 您在我這個情況下，卻又必須立刻得到結果，請問您會怎麼做？
- 我能不能做什麼讓流程更容易？

梅麗莎

梅麗莎向上游尋求更多廠商來趕一項近期企畫。她才剛得知這需求，沒辦法透過線上平台繳交申請，這樣可能會拖三個禮拜。她問道：「我明白尋求增加資源要經過一些流程和規定，但實在不好意思，這項企畫事關重大，會影響到客戶端服務和公司收益。不久前才判定需要增員，請問在這種緊急狀況下，我能怎麼做？」

關鍵情況下取得掌控

利用提問在關鍵或高壓狀況取得掌控。例如警消、醫療人員會問以下問題：「你有受傷嗎？」「有看到事發經過嗎？」「建築物裡面還有沒有別人？」「有什麼情報能告知？」在和面臨高壓情況的人溝通時，問這些問題來取得所需資訊。回答問題也能讓人冷靜，促使思考並專注於溝通。

波魯克

波魯克注意到客戶來到她財務規劃辦公室時神情緊張。她請客戶同意讓她主導對話：「米珈，我想要好好運用現有時間。您同意的話，接下來一小時我會針對資產和退休規劃提出相關問題。如果已經得到足夠資訊，或不清楚妳的答案，我會隨時打斷您，這樣可以嗎？」波魯克提問協助米珈整理頭緒，他點頭並鬆了口氣。

向不願回答的人詢問資訊

任何方面要得到概估或「猜估」的結果都可能很困難，因為對方不想在進一步了解前提供錯誤資訊誤導人或讓你失望。有時你必須要根據當前有限資訊下決策，而有時則要好好評估問題的嚴重性和頻繁程度。對方說得很含糊或拒絕直接給答案，甚至不願意透露點想法，要怎樣用特定具體事項來追查答案？其實不用，該做的是詢問一個範圍或平均值。

提出以下比較不咄咄逼人的問題來盡可能取得資訊：

- 「我了解要看調查結果才能有確切答案。如果就您目前所知來看，我們要考慮哪些事項？」
- 「我希望能稍微了解狀況。請問通常最好和最糟的情況會是如何？」
- 「您在這個職位已有多年經驗，請問這種情況多常發生？」

阿美莉亞

阿美莉亞電腦送修後，正在等待回應只要簡單修復或要進一步處理。技術支援專員不願意告知預估時程，他說：「還不確定問題在哪，要先進入系統才知道。」阿美利亞問道：「請問通常要多久時間檢查作業系統來判斷問題？」另外也加上要先了解的理由：「我要決定是不是要重排會議行程。請問最佳和最糟狀況分別要花費多少時間？」

但丁

但丁在一間大型手機公司，擔任維修客戶服務的工程師和主管。他要判斷進行服務進行某項重大變更時，客戶可能受到什麼影響。但丁希望能先和客戶說明，並請適合的人來接聽。但負責安裝的工程人員不直接告知現在的潛在問題多嚴重，或流程可能要花多少時間。但丁向工程人員的組長說道：「我不用請您提供具體數字，而是想大概知道可能受影響的區域，以及可能要花多少時間。過去一年來，你處理過一百五十件相關安裝事項。請問其中多少件遇到的服務問題要花兩個鐘頭以上？」

你不願意透漏

其他人盡量詢問沒關係，但你也沒義務要回答。回答某些問題會曝露私人資訊、商業機密等不想告訴人的資訊。有時候對方的提問聽起來比較像命令或甚至威脅。要是不想透漏資訊要怎樣回覆提問？不想回應的話，那麼你也來提問。

- 我不太了解這項資訊，請問您想進行什麼決策？
- 請問您是針對哪方面或項目提問？
- 能否告訴我您尋求的目標是什麼嗎？

貞恩

貞恩是間電梯公司的會計人員。客戶請她「在企畫案中，詳列出預算的經費細項」，但回應的話會透露公司情報和商業機密。貞恩微笑說道：「請原諒我不能奉告。您知道我沒辦法一筆一筆列出。請問您考量核可我們計畫時，真正需要知道什麼資訊呢？」

他們想問盡管問，你不見得要回答。

多娜

多娜是間行銷公司的負責人。她投注幾個小時為客戶年度商業展演會挑選配件。她請求廠商盡快下訂單並降價。實際下訂單前，客戶打電話提出最後要求：「多娜，請問能不能把訂單砍半？只要刪掉筆的部分，寄你們的藝術成品就好。我們另外在網路上找到便宜五分錢的筆。」

多娜熟練地回覆：「這沒辦法。我提供的服務是透過您向我訂產品，由我提供思考流程及專業服務。我已經盡可能協調到好價格給您，也向可信任的廠商提請優惠。您是否打算將整個訂單交給敝公司處理，還是您想重新和其他公司接洽？」

敏感問題

說到界線，你有沒有遇過人向你探聽私人的選擇問題？這些問題通常都是這樣開頭：「你為什麼要＿＿＿＿＿？」例如：「你為什麼要換工作？回學校念書？休假？生小孩？刺這個刺青？投某個贊成或反對票？」

雖然大家會想回答：「關你什麼事？」但是，你也能在拒答的同時維持關係，就算對方是想看自己有沒猜對或質疑這樣的選擇有問題。簡單給個不表態的答覆，提出別的問題來轉換話題。可以試試以下回覆：

- 「喔，要回答完這問題就天荒地老啦。請問您是否準備好開始討論這個企畫？」
- 「看來您好像已經做出有效決策。請問準備好處理下一件待辦事項了嗎？」

- 「我想目前能夠提供的資訊都說過、討論過了。我們還是回歸正題吧？」

溝通時和善誠懇才能讓你得到真正想要的。但你能自行決定要向人透露哪些資訊，以及哪些人和事值得你花費時間和資源。

向固執己見的人開口

你是否遇過提問後，對方拒絕考量他方觀點？他們只管自己立場而不採納其他意見。

要挑對象來答應請託

德州前州長安理查茲（Ann Richards），曾在能源管線課程中，向一小群年輕女性領導人說明，要限制對部分組織的捐贈金額及活動參與：「除非有把握發揮效果，不然就說不。」她建議道：「對每家都說好會分散權力和資金。不要用小額資金投注眾多單位，而是盡量把資金投注可信任的項目。其實不用花多少錢，就能成為受肯定的領導人並發揮影響力。」

這些人往往是政治候選人的強力助選員、宗教的左右護法，或某個體育隊伍的後援團。他們會聽你說的來指正說你哪裡錯，然後想說服你他們才是對的。

職場上你請這些固執己見的人改變心態，他們會說：「以前從來沒有這樣辦事」、「原本就好好的不用修正」、「過去試過換方法但沒有用」。這些抱持懷疑而凡事拒絕的人，堅信自己是正確的、任何變動都會導致失敗。要不就按照他們的，要不就免談。

對方想照舊的話，怎麼請他們換換方法？可以先問問他們是否「有意願考量新的可能性」。

- 要是其他方式可能帶來更佳結果，您是否願意多探索這些不同選擇或改進方案？

● 要是在繼續維持優質服務或更佳服務的前提下，您是否願意考量其他作業方式？

對方答應要探索或考慮看看，就和你達成某種協議。日後要是他們說道：「這樣不會有用」或「聰明的人才不會做這種事情」，提醒他們自己曾經答應過。「等等，您之前說會考量不同選項。目前還沒有要改變，我們協議的是來探索加強方案來增加效益。」

如果請人探索新的可能而對方拒絕，那麼向他釐清：「請問您不願意探索或考量其他更佳的方式，是嗎？」有些人會說對，有些人不會。要是對方一味捍衛自己立場或固守舊法，就不用多跟他們費唇舌了。譬如：「說什麼都不會改變我的心意。原本這樣就好好的，我不打算破壞規矩。」

想說服不願改變的人只是白費時間。到此為止了，說聲好的然後就放下這件事。如果之後他們問：「你怎麼想？」或「你之前說想談什麼？」只要回答：「您說過無意探索改進方式，我尊重您的決定。」

乘勝追問或收拾走人

要怎麼判斷要不要繼續和某人打交道，或耗下去只是浪費時間？首先判斷對方有沒有聽進自己的請託，有的話才繼續問下去。要是只是在浪費時間，還是盡速離開、閃越遠越好。

乘勝追問

要是洽談順利、對方有以下表現表示能繼續追擊：

- 請你說明怎麼得到這些結論以及推論過程。
- 肢體語言顯現有傾聽、注意要點並考量你的請託。
- 不贊同你所說的，但態度良好。
- 討論資訊時，理性而且保持對你的尊重。
- 教你一些新事情，或提供新資訊和見解。
- 不贊同，但繼續傾聽並參與對話。
- 有意無意教你一些流程和說明相關人員。
- 有意和你合作，但還不確定怎麼做。

遭拒後別硬是推銷，而是多多提問。

收拾走人

要是互動過程沒有什麼成果和進展，就該走人了。對方有以下情形時就該離場：

- 明顯沒權力同意或甚至協助取得同意。
- 表現得惹人嫌或無禮不敬。
- 固執己見或抗拒任何改變，完全拒你於千里之外。
- 開始準備打包離開，甚至說：「我可沒有時間搞這些」。
- 對你說謊。要是決定留下來，要特別和他人確認對方的承諾或講法。
- 害你難堪或出錯。
- 只來探聽消息，尋求資訊卻不願意透露資訊。
- 堵死出路，讓人無路可走。

這時要說：「該休息一會了」或「我們先告個段落，晚點再繼續談」。接著就先告退。

你其實自己能判斷出哪些是故步自封的想法、哪些是真正造成危害的風險。要是覺得身陷危險，或從對方神情上注意到該警覺的變化，這時就說：「看看現在時間我也該走了，不好意思。」如果直覺面臨危險，不要忽視這種感受，快離開吧。

鎮定、冷靜、維持掌控

有句話說：「汗珠擦乾淨，別給人看見」，這點十分中肯。要是心情憤怒或感到挫敗，沒辦法控制局面和保持思緒清晰，在協議上便面臨失利風險。這時應該休息一下。如果需要情緒管理方面的協助，請參考ＡＳＫ密技（見一七五頁）。

如果情緒上來而難講出適當的話。不管對方出現什麼反應、負面行為，甚至斷然拒絕，都必須要保持鎮定、冷靜並維持控制。這時可能也要幫對方釐清，多用「什麼」、「怎麼做」來發問。有時候必須整理思緒，整頓想法後再繼續發問。

失望

開口求助受否決或忽視讓人挫敗。不過，最糟的是不遵守承諾或執行份內工作。你仰賴的對象可能會讓你失望。

丹尼

現在時間是早上七點四十五分。八點會議開始，丹尼是唯一代表團隊出席的人，團隊成員答應提早來場地預備，但並沒有出現。一名成員要照顧生病的女兒，另一名睡過頭，還有一名塞車在半路上。

要是請託對象經常說得到做不到，要擬定備案計畫。先設想最糟情況並做好預備。要守護自己的承諾、名聲和成果。接著，抱持最佳希望，成真時好好慶祝。但是，有些人偏偏不好好做事或兌現承諾，這你也拿他們沒轍。儘管如此，還是可以改變自己的請託方式和回應方法。

珍妮特

珍妮特沒辦法叫動同事保羅準時繳交重要企畫案的報告。他不斷找藉口，還說：「等我處理完其他事。」珍妮特回答道：「保羅，我和系統設計師需要你明天下午一點前繳交報告，這樣才能趕上兩點的電話會議。我在會議上，要確認我們討論過每週二提供報告更新一事。你是不是能承諾每週二都能寄報告呢？」珍妮特請保羅做選擇。無論保羅答不答應，她能把決定告訴團隊。如果答案是不行，團隊能先想下一步怎麼做。而要是保羅答應提供報告卻失約，那麼是他違反約定讓團隊失望。

羅賓

羅賓的客服表現優異，近期受提拔為經理，但她沒辦法讓員工用同樣的熱忱來服務顧客。這些人不按照她要求的行事，而工作實在做不完。無論她軟硬兼施、好話壞話說盡都沒用。羅賓身為主管握有權威，必需要告知員工要盡義務，並確認他們是否同意完成職責。要是這些員工不想執行受雇來做的工作，羅賓可以要他們捲鋪蓋走人。

有些人可能反駁，認為這是羅賓自身的問題，而不是管理問題。職員升遷後成為新任經理，要管理前同事，常常較缺乏指導、顧問及溝通技巧。主管能學習的高效技巧中，包含如何提出請求、得到他人承諾並實際執行。

最需要加強的是業績管理和管束技巧。《要紀律不用罰》（*Discipline without Punishment*）的作者迪克格羅特（Dick Grote）提供以下建議：「拿出魄力。不照規矩來的人要另尋他處工作，到一個標準低到他們也能過關的地方。」

生活和工作當中充滿意外，而且常是令人不快的意外。聽聞和自己職位相關的負面訊息，常讓人覺得是針對自己。面對懲戒、績效低落、資遣和解雇的相關談論，你有沒有試過保持正面心態？要是未來可能遇上這些艱難討論，可回過頭來看看ＡＳＫ密技。

如果你從來都沒有遇過這種棘手對話，你覺得原因是什麼？因為你表現特別優異？還是因為你領導風格讓人不敢坦白給回饋？或你喜歡打安全牌，沒要求人執行更多職務或承擔縝密規畫的風險？

受排除在外

如果你錯過重要對話、決策和關鍵決定，幾乎不可能提出強而有力的請託。不管他人有意或無意把你排除在外，你會因此無法取得珍貴資訊和觀點。要是不知道遊戲規則，根本無從玩起。

就算確認沒有溝通或技術障礙，還是可能被排除在決策流程外。以下列出被排除的跡象。即使你已經很努力聯繫，但你：

- 要求參與活動訪談或會議受忽略。
- 在非正式的對話或聚會上，受調派去做其他事或被排除在外。
- 未能加入重要通訊和一連串的電子郵件討論。
- 沒有被告知新的標準、流程或是資源的改變。

● 沒獲邀參與會議或會前獨立會議。

你是否有時覺得他人把你排除在對話之外？有時受排除包含提出請託沒得到回應，或沒受邀參與對話。有的時候你在對話現場，但遭到無視、打斷或搶話。會議狀況可能最糟，因為會議中說話最強勢的人，可能把對話從你提出的請求或主題轉移走。

芙萊安

芙萊安關切最近一項企畫沒確認過投資者背景資料。她對甄選小組提出疑慮時，對方答道：「芙萊安，我們希望案子能成交。其他都沒人說怕會出錯。」

芙萊安認為自己的請託合理，因此再次說道：「我們要謹慎處理。每個人對信託都有職責，不希望擔負風險。我們要怎麼仔細觀察這些財務數據再來投資呢？」她提出責任歸屬問題引起了關注，終於拿到投資人的財務狀況資料，也確實發現自己先前質疑的確有其事。

在他人耍手段時，不要玩輸了

為了突破受封鎖的訊息，以及看穿他人暗藏意圖，在小圈圈中一次拉攏一個人。如果沒收到某場會議訊息，看看是否有助理或誰願意傳達給你。多注意平常會議日期和時段排程。和人一對一和人談話並提問釐清。

- 其他人以為我很天真無所謂，只要我能得到我想要的就行。
- 對方覺得我很笨，因為我長得不高，看起來年紀輕輕。我不覺得這是件壞事。他判斷錯誤反而對我有利。他根本沒想到要反對我的提議，不然我可能會受更大阻礙。

看不起你的人輕忽了你的實力，把這點當成優勢來用吧。你放膽提問時，對方會放下防備心，透露出更多資訊或給出更優渥的條件。他人不了解你的專業和經歷，沒有關係。特意爭取青睞反而會阻礙成功。

把覺得「讚」的功能解除安裝

無論如何，一定會有人不滿意你的提議。並非每個人都會認同你的請託。其實這也不是什麼壞事。你不需要每個人認可，尤其是不認識或不太會接觸到的人。隨便一個人的評斷並不能幫你付帳單。不用想改變別人，心中就默默祝福他就好，期盼他在未來更有長進，然後就別管他了。

凱倫安妮拜爾斯霍爾（Karen Anne Byars Hall）是名業務專家。當她的妹妹提到其他人無法包容體諒時，她耐心給了愛的教育：

> 如果對方就是看妳不順眼，妳做什麼大概都沒辦法改變。妳會輕易改變對他人的觀點嗎？抱歉，妳也無能為力，就放下吧。不過，好消息是那些喜愛你的人也不會那麼容易改變心意。

如果遇到一些人特愛批評、瞧不起人或會害慘人，記得不要感染到他們的思維。他們有自己的難處、困擾和苦衷要面對。別讓這些人占用你的腦容量，拋出腦外吧。

千萬別和豬纏鬥。雙方弄得滿身髒，卻只有豬樂在其中。
——德州俗諺

害人精

你有沒遇過長不大的人？那些從小欺負人的孩子，長大後還是愛刁難人。極端狀況中，你可能必須應對十分自以為是或缺德的人。你可沒辦法贏過自戀的操縱狂。提出請託和回應時，維持專業表現及並抽離情緒，不要透露私人資訊或把柄，免得他們藉機敲你竹槓或在背後捅刀。在企畫或溝通上，好好釐清狀況來保護自己。接著不動聲色把回應記錄下來，向輔導員、執行指導人、導師或人資部人員求援。

高壓手段難以維持長期關係。就現實層面而言，沒人能迫使別人答應條件，期待對方自願恪守協議。擔憂的那方往往不會開口維持久存關係，而是等待時機來終結協定。

如果對方拒絕或給予無理回應，可以把話講明白。如果對你沒什麼損害，也可以決定包容這行為，不一定要「攤牌」。（而且，要是真的這麼做，他們可能還會見風轉舵。）要多次確認對方提出的陳述，覺得回應不太對勁就要質疑，集中精力在目標上，守住自己的立場。比起反擊，固守立場更有利。

洽談時切勿自損形象

提問時避免祭出最後手段或玩花招。你有萬全準備了。不要忍不住要弄外行人最愛的手段來激怒人，比如：大吼大叫、閃躲嫌棄、嘆氣或翻白眼。做出這些事的同時便失去信譽。

首先從大方面提問，接著避免雞蛋裡挑骨頭。如果東嫌西嫌，最後可能會惹火請託對象，讓他們決定打消主意。做出任何請託記得要能提出支持。你可不要使出不專業或偷雞摸狗的手段，這些通常沒什麼效用，尤其是涉及大筆金額或長遠關係的請託。就算對方無禮，也要保持敬重的態度。對方差勁的行為可能回報到他們自己身上。

調整提問

不要固守某條途徑而無法走向其他道路。只要能抵達終點，過程路途沒必要和計畫完全相同。保持靈活彈性，讓自己有不同選項。犯了錯就盡可能補正並調整方向。

提問伎倆及招數

挑釁而讓人對方情緒失控的常見伎倆與招數包含：

- 退縮閃身、嘆氣或翻白眼，讓人質疑自己的提議或感到不安。
- 美化原本條件或讓對方作繭自縛。
- 突然裝作要向高層取得授權。
- 留心對方特愛強調：「我人很好心，另一個人可沒我這麼慷慨、好說話。」
- 耍手段害你陷入困境，或達成協議或請託後還想得寸進尺。

引導他人開口

- 問問你管理或指導的學員打算怎麼改善表現。讓他們知道你期望的標準、問他們什麼時候能達成。敬重人，把對方當作是能自行決定未來的完全能力人。
- 要求表現不佳的員工自己決定要改進或另找別的工作。不要耗費時間管秩序。提出解雇是特別有力的管理方針，能殺雞儆猴，讓同事就近觀察你是不是玩真的。

大膽去要重點回顧

- 要是狀況不如預期或得到意料外的回應，維持冷靜並提問。
- 提出請託時，不要不計形象。避免使用最終手段、伎倆、花招。做好準備勝過玩心機，也能反制另方對付你的策略。
- 提出請託時，接受對方沉默的空檔，讓對方能有機會想講出答覆，避免焦慮而喋喋不休。

考考你

- 過去提請託時，哪些方法奏效？
- 什麼時候曾得到超乎預期的驚喜？
- 要是得不到預期的回應，該怎麼回覆呢？
- 這行為很可疑。對方是不是想對我耍手段。？
- 如果我在意的人想提出同樣請託，我會建議他們怎麼做？

放膽提問出擊

- 留心三項常用伎倆，練習用反制策略過招。
- 保持鎮定冷靜。
- 要是對方想轉換話題，提出要討論正題。對方說：「這點先撇開先不談，來討論其他議題」，這時可答：「不行，這對我來說很重要，要先行談妥」來對付這種「擱置議題」的提議。
- 問對方決策的參考依據，並請求提供佐證。對方說要請示上級、委員會或董事會時，可用對付「搬出權威」招式的技巧說：「他們通常會接受您的建議，對吧？」。

- 如果提議聽起來不合理，問對方何以見得。冷靜應對：「請問您能不能帶我看看這思考流程？」或「請問能否說明這些數據是怎麼得到的？」看似離譜的請託可能只是誤會，有一方要向對方好好聽聞和了解狀況一番。

成功祕密法寶

想知道他人用什麼招式對付你的提問，請到 www.AskOutrageously.com 參考常見招數和應對方式清單（英文版）。

第十二章

絕倫成果

學會霸氣索求，結果也能更加豐碩。籌碼下得越多、越多人參與，就有更多彈性可變動調整。雖然許多人不敢參與高利害關係的交易，但其實處理多項小型交易甚至更艱難，而成果更不起眼。有句俗諺說：「真做下去就不叫吹噓。」本章節引用的策略和見解來自於「真的做了」的人，也就是在高風險高利潤交易中成功提出請託。一起來看看這些經常放膽索求的人有什麼傑出作法。選出對自己有效的策略來讓自己更上層樓。

高利害關係的請託

高利害關係的請託往往牽涉大筆數目。不斷打安全牌只能讓你多取得已要過的東西。想要爭取卓越成績，就必須換個問法或改變請託的目標物。

雖然我得到上司和高層許可核銷兩百萬美金的債款，但我繼續大膽開口。我打最後一通電話請汽車控股經銷商付清款項，結果他們當晚就轉帳。

處理重大或高風險請託時，通常更需要多加籌備。必須考量各方立場，根據多層利益、議題和目標來擬定策略。雖然交易會受更多審視、涉及多方利益，但不等於你應付不來。

其實在某些方面而言，高風險的請託比一般小型請託來得容易。大家眼觀大局上，而沒那麼注重小細節。而且值得一提的是，高利害關係的請託中，個人對交易的情感反而更疏離。舉例來說，一萬美金會影響到小公司的總體營收，但如果交易總額達一百萬美金，一萬只不過是個零頭。

細分請託

求人高手將複雜的高籌碼商機細分成各個小請託，在不同時間點向不同人提出。通常這些高利害關係的投機機會需要耐著性子、堅定意志並著眼細節。技術提案等精細請託中，準備好強力工具來瞻前顧後、追蹤進展。記得要好好將大型提案分解成細部的請託來處理。

拜倫

拜倫是間大型軍用品廠商的資深工程師，他職責是針對美國軍用及太空總署飛行器提供修正建議。拜倫高額提案的成績亮麗。要是政府要繼續執行計畫，就要把案子交由拜倫的公司做。拜倫能拿下多項價值數百萬美元的合約，他有什麼祕訣？「我讀了他們需求建議書討論範圍，並依照他們所要的給予答覆，且有問必答。不管他們提出什麼請託，我都會附上相對應的方案。請對方考量方案時，我會講得非常清楚且盡可能白話，沒必要時少用技術用語，要是我方提案不同於對方原定要求，會另以其他契約提出。」

注重價值

提出高利害關係的請託需要充足信心，也要有些過人膽量。成功要求高薪酬或職位，通常取決於你能夠帶什麼價值給組織，好好展現貢獻是重點。爭取收益、取得前所未有的成果能引起關注。之所以將薪酬、福利甚至股份發給表現優異的人，是要讓他們維持表現。你的貢獻受到的重視比想像還要多。

我成功要到企業最大持股身份。我不是創辦公司的人，但協助公司成長。我提出的請託一反慣例，而創辦人反對。但是，董事會肯定我的貢獻和領導作為，支持我增加持股。

我沒有單單辭掉主管職位，而是交棒給下一任主管時要求六位數的人事變動費用。成功！

戴安娜布荷（Dianna Booher）是溝通專家，也是《溝通的領導風範》（*Communicate Like a Leader*）的作者。她提醒大家：「謙遜和自信兩件事並不相斥。兩者都表示你好好評估了自己的實力。」

挑戰常規

求人高手挑戰常規，而不總是照規矩行事。求人高手不只領導人群，同時也引領策略。這表示他們的提議和思考方式創意過人。而他們最終成果，甚至是過程，都較易受高層決策者注意，也就是那些真正重要的人物。你是否願意反駁或打斷他人思考？有時要不畏懼和人唱反調才行。

我們請客戶買了不同於業界常規的另型產品。對我們而言成本較低，但要求客戶付同樣價格。很多客戶喜歡新產品，而讓我們收益多了數百萬。

蘇伊

蘇伊是紐約一間獵人頭公司的高層招募人員。她提出些看似不言而喻的問題。她負責挖角各種高階長官（首席執行長、首席行銷長、首席財務長、首席科技長等）到大公司就職，收取報酬從三十萬美金到一百萬美金不等。她冒著無法談成的風險，提出讓客戶訝異的問題：「請問這個職位有什麼問題？或說整座組織遇到什麼問題嗎？為什麼沒有現成人選以及健全的遴選體制？」她對於該公司流動率高、缺乏當地人才提出質疑。「對方十分訝異我有膽量和信心來提出這種問題。況且，我要他們當場回答！」蘇伊克制自己不要急於講定案子、拿到工作或領錢走人，終能獲得顧客敬重，拿下這筆生意。

你是否做好心理預備來先提出後請見諒？並不是每個人都能接受你建議改變或脫離常軌。

大衛

大衛是間汽車經銷商的管理合夥人。他面臨庫存多而業績不佳的窘境。在尋求大批銷售機會時，他打給一間大型全國租車公司，而提出一筆五十輛車的訂單。在短暫拜訪後，這間租車公司把數字加碼，結果一口氣要兩千輛，等同於四千萬美金的訂單。大衛興奮極了，打電話給工廠交易員提出請求，並繳交訂單來訂製兩千輛車。

工廠負責人沒有恭喜他，其反應實在令人提不起勁，他說：「沒有哪間經銷商曾下過兩千輛的訂單。這位顧客應該直接連絡工廠。」大衛和對方一來一往簡直鬼打牆，他想這樣下去不是辦法，於是又下更多籌碼，大膽打電話請求執行長即刻下單。

他和執行長、全國銷售副總裁、製造副總裁通話後，隔天執行長問大衛，為什麼規模這麼大的租車公司直接跟他交易，而不是依慣例來透過工廠部門經手。大衛回應道：「我也問客戶同樣問題，對方回：『工廠代表沒人回我電話。我要買車，而且是大批的車。你打來說可以賣給我，正合我意就答應了』。」大衛告訴集團：「我身為汽車銷售員，我的職責就是賣車。我不打算拒絕做更大筆的生意。」執行長表示認同。

結果大衛拿下四千萬美元的業績，而在那之後又取得了另外一筆四千萬美元的單。當然兩場談妥後都得到獎金。大衛現在已經成為了大型汽車集團的合夥股東，他說：「我們今年預計賣出一萬五千輛車。我每天都尋找商機並接洽生意。」

高利害關係的建議

要怎麼樣建議旁人加強成果呢？調查顯示大家建議多練習角色扮演和模擬劇情。絕大多數的建議都是承擔風險好好問出口。

- 感受恐懼，直接講出來。
- 不敢要就得不到。
- 結果還能糟到哪裡去？

你已獲准提出請求

你已經考量過恐懼感還有障礙了、試過各項突破策略，但你還沒要求自己真心想要的。怎麼了？難不成要等到其他人「賜准」或認同才能放膽索求？請回答以下問題：

- 你會先問親朋好友意見或先在身旁圈子取得共識？
- 你想尋找完美文章、書籍或網站，提供資訊給你足夠信心來行動？

- 你在心中模擬各種情境或衡量各項利弊，但沒有實際去行動？
- 你想等著誰來給你准許？

雖然如果有作家、文章或朋友同意你說的能更加安心，但你非得取得作家或朋友認可嗎？你這樣不斷查找資料或調查意見，感覺還真是辛苦呢！你想要有足夠權威的人或專家給你批准？那正好，不用另尋他處，你這就「獲准」提出請託了。

你在此全權取得放膽索求的許可。批准是在法律或倫理上的手段來尋求優秀成果。你當然有權採用任何資源、努力跟才能來得取真正想要的東西。

你知道自己想要什麼嗎？知道的話，允許自己省去一大堆前置作業，直接開口請託。讓自己取得成功吧，之後再打電話請朋友來一同慶祝。

求人高手的頂尖作法

放膽索求的策略往往相輔相成。這些絕佳作法能達成重大請託，也能有效影響他人。

盡可能面對面處理。用電子郵件或簡訊拒絕人較輕鬆。請託時盡量親自向對方拜託。透過科技工具溝通會減少許多建立好關係的機會。盡可能和真人交談，不只是點點按鍵、填填表格。找些方法讓人除了聽到聲音還可以看得到臉，或是除了看到電郵訊息還可以聽到聲音。

我很擅長傾聽和解讀他人肢體語言。我盡量少用電話或電子郵件冗長對話。

做最壞打算，抱最佳期望。設想計畫要是泡湯的應對策略。有人立場不同於預期也不用自亂手腳。

提出請託時，保持彈性。目標鎖定在取得成果，不用執著於用原訂策略來達成。把注意力放在能掌控的事上面。

對他人答案持疑。不要別人說什麼都信。聽到的不見得都是準確消息。要相信自己的直覺，如果感覺事有蹊蹺、不太符合邏輯或不同過去得到的資訊，要另外請求佐證和確認。

數字可能騙人，而騙子很會算數。

掌握事實。如果有人假裝自己很有影響力或權力，你也要加強預備。要掌握數據。問對方用什麼方法來取得估計結果，對他人報的價格保持懷疑，過程中可能有誤。

多發問。對方透露越多，你越能談好條件。請對方多加解釋，問問他們怎麼得到這些結論。透過問題判斷對方動機和關切的事。要問！要問！

記取前車之鑑。問問他人之前做過的哪些有效、哪些沒效，再來提出自己的請託。找出過去成功典範加以效法。你可沒有閒功夫多走冤枉路。

要有幽默感。沒幽默感？那可要去練一練。於情於理都要能輕鬆看待。遇到誇張請託時，不要氣得跳腳，要幽默以對。

我對某位客戶有事相求時總帶上他最愛的星巴克飲料，結果這就變成了我們之間的玩笑。他看到我帶著咖啡便會脫口說：「這次又想要我幫什麼啦？」就算我對開口談的事情感到緊張，但雙方氣氛輕鬆愉快。

做出當下最佳請託。許多機會可遇不可求。同樣情境、參與人員、規定可能僅此一次。問問自己：「就現有人員和已知資訊而言，這是不是我在此時此刻能提的最佳請託？」

衡量回應。提出請求後，可能得到相牴觸的建議或你不想聽的意見。考慮對方提出的建議，還有建議的來源。接著評估後，決定哪些適用。

別把自己逼太緊。別再擔心有什麼籌碼沒用到，或錯過了更佳的交易條件。看情況盡量準備並提問。確實如果時間更充足、資訊更詳盡可能帶來更佳結果。可是，夜長夢多，拖久也很可能導致破局。另外，對方也可能去找別人做交易，或找到對你不利的資訊。

信守承諾。盡全力兌現自己的承諾。

維持良好關係。不要仗勢示威。風水輪流轉，很難說你哪天會不會占下風。無論請託是否獲得認可，盡可能維持雙方交好，未來大家相遇的到。

別太執著於自己的請託。別讓自己在過程中變得不顧一切，接受差勁的條件。別無選擇的狀況沒那麼多，一般都還能修改請託內容或是找別人談。

要能夠拿得起放得下。要是沒辦法心一橫撤出，提出請託會很不利。記得為自己留個後路，知道要是原請託失敗還有哪些選擇。

將協議用書面方式記下。就算是小型協議，要確保清楚溝通的一項可行方法是書面確認雙方的認知。人的記憶會衰退，有任何誤會要先釐清，免得日後談不攏。如果請託受認可，至少也要回覆訊息或電子郵件來跟進。

腳踏實地。回顧自己作為時，對自己好一點。考慮不同可能性、面臨的時限以及取得的成果。並不是每項請託都能如願，也不是每項請託都應該取得同意或真的能獲准。

大膽索求。真的，多要求點不是貪心。誰也不知道什麼時候能多得到點額外成果。如果不多加要求，到時候就沒籌碼來獲得合理條件。提出更大膽的要求，再看看成果如何。

如果你目前以上都能做到並提出大膽要求，你已經在請託任務上出師了，恭喜恭喜！

引導他人開口

- 請你管理或指導的學員，觀察你以外的優秀協調者或交易人員。讓他們評析觀察到的最佳作法。
- 請他們找出兩項高風險機會並加以爭取，並歡迎他們向你尋求建議。

大膽去要重點回顧

- 高利害的請託彈性變動空間較大，要有條理。有時其實這些案件較容易，因為大家目標在大局而不拘小節，也就是說不那麼在意小額數字。
- 頂尖求人高手有幽默感、了解客觀事實且腳踏實地。要滿足於已完成的協議，不要事後猜疑效果如何、擔心有沒有籌碼沒用上，或原本有機會談到更好的條件。成交當下感到滿意，就可以轉朝其他方面邁進。
- 隨時抱持疑問。讓對方透露越多越好。多利用問題來判斷他人動機和真正關切的事情。要問！要問！
- 準備好回答這項問題：「這是不是我目前對當下的人、現有資訊而言可達成的最好請託？」雖然更多時間和資訊「可能」讓你得到更好的結果，但是拖延下去，也可能讓對方轉變心意或取得別的情報。
- 要能說不做就不做。要是交易中沒辦法不要就拉倒，你就先輸一半了。記得為自己留個後路，知道要是原請託失敗還有哪些選擇。

考考你

- 要是遭拒絕有什麼備案？
- 不要停滯不前。就目前所得資訊，我能提出的最佳請託是什麼？
- 我要怎麼樣觀察求人高手的實際行動？

放膽提問出擊

- 親口問，不要只把問題用電子郵件寄給老闆和同事。盡量通話或甚至直接到對方辦公桌談。
- 請託時預備好資料。提出成功後，至少要再寄封電子郵件，記下雙方協議好的內容概要（你之後會很慶幸還好有這麼做。）
- 注意求人高手怎麼做、看他們用了哪些手法。

成功祕密法寶

請到 www.AskOutrageously.com 下列印〈請求許可單〉（英文版）。如果讀到這裡已完成各項活動，那麼你就具備求人高手的資格，能夠放膽提問出擊並取得絕佳成果。

恭喜你，到網路上下載你的〈求人高手結業證書〉吧。

結語

大膽索求真的有用。我們一次又一次在實際經驗和研究中證實，人們可以達成比預期還要好的成果。提出問題能改善自己和旁人的生活，並得到優異成果。

寫這本書的同時也讓我要身體力行來大膽索求。從一開始取得出書提案，到最後繳交完稿，我跨出自己的舒適圈來提問、要求內心渴求的事。雖然我有時把請託想得太過複雜而感到憂心，但我得到的回應和成果十分正向。

這項企畫中，我大膽索求而體驗了絕佳成果，也發展了寶貴的人際關係。我朋友協助書籍提案、介紹我給出版商，還提供了悉心編輯和建議修訂。我向演講同事、商務夥伴請求支援時，一週內得到的回覆讓研究成果翻一倍。我所尊敬的人很樂意提供佳句引述以及幫我背書。我開口請人幫忙我籌備 TEDxSMU 演講，以及演講後續發展而成就本書，過程中眾多朋友提供指導、鼓勵，甚至敦促我更上層樓。

成功留給願意開口的人。要經常開口、大膽開口。

寫這本書有沒讓我克服過去沒拿到傑伊利諾要合照的遺憾呢？真是個好問題！真正實行這些課程提升了我的機會和最終成果。我把這本書送交出版當週，傑伊到我家鄉達拉斯表演。我們寄幾封電子郵件給他的經紀人，並臨時發起社群媒體活動向他索照。（看來我們還真的有點太熱情，傑伊辦公室還很貼心提醒我們，要注意放膽索求和跟蹤狂間只有一線之隔。）

結果你知道怎樣嗎？大膽索求再次靈驗了！

我們得到進入後台的許可證。我和先生、朋友在他表演前能和他見面，傑伊果然端莊大方。接著我們一起看他的拿手好戲。他在舞台上風靡全場，一個小時半的節目期間毫無冷場，滿堂歡笑，而我拿到照片了！

這時要記得最後一項要學的事：

得到自己想要的，就可停下腳步好好慶祝了！

本書結尾我給讀者的建議維持不變，專注自己所尋求的事物、聯繫能幫助你的人。你做得到。各項突破和絕佳成果正在前方等著。要開口才能知道答案，要開口才能取得進展。（有時要開口才能和傑伊利諾相見歡。）

現在開始大膽提問出擊吧！

成功祕密法寶

網站 www.AskOutrageously.com 提供各式工具、策略以及資源，專設計來協助你提出重大請託、大幅提升成果。來看看內容並動手追求絕佳成果吧！

評估表

〈敢要指數測試〉

〈我的 DEAL 應對風格〉

〈他們的 DEAL 應對風格〉

資源及工具

〈「大膽去要」研究結果〉
〈找出強項及才能〉
〈專注提問表格〉
〈大膽索求表格〉
〈職場可要求事項清單〉
〈找出自己的提問障礙〉
〈敲垮阻礙開口的牆〉

〈分擔工作：主動提出幫忙的有效方法〉
〈建立智囊團或同儕互助小組的訣竅〉
〈提問伎倆及招數清單〉
〈協助照護者的方式〉
〈請求許可單〉
〈求人高手結業證書〉

媒體資料

雅娜史丹費爾德、吉米史考特合唱曲〈要是我夠勇敢〉歌詞

TEDxSMU《這世界需要你大膽去要》

文章、媒體活動、部落格貼文

除此之外，我們也會定期張貼各式各樣的策略資源和祕密法寶。敬請保持關注以取得最新訣竅和趣聞新知。

想在推特上追蹤，請搜尋 @LindaSwindling 以及 #AskOutrageously。

敢要就是你的：讓你無往不利的談判溝通密技 /
琳達.拜爾斯.史文德林（Linda Byars Swindling）
著；陳依萍譯. -- 初版. -- 臺北市：遠流, 2018.05
面； 公分
譯自：Ask outrageously : the secret to getting
what you really want
ISBN 978-957-32-8260-0（平裝）
1.人際傳播 2.溝通技巧
177.1 107004725

敢要就是你的

讓你無往不利的談判溝通密技

Ask Outrageously!The Secret to Getting What You Really Want

作者｜琳達・拜爾斯・史文德林（Linda Byars Swindling）
譯者｜陳依萍

總監暨總編輯｜林馨琴
責任編輯｜楊伊琳
編輯協力｜林悌亨
封面設計｜柳佳璋
行銷企畫｜張愛華

發行人｜王榮文
出版發行｜遠流出版事業股份有限公司
地址｜臺北市10084南昌路二段81號6樓
電話｜（02）2392-6899 傳真｜（02）2392-6658
郵撥｜0189456-1
著作權顧問｜蕭雄淋律師

2018年5月1日 初版一刷
定價｜新台幣300元（缺頁或破損的書・請寄回更換）

ISBN 978-957-32-8260-0
遠流博識網
http://www.ylib.com E-mail: ylib@ylib.com